HANDS《ハンズ》

手の精神史

What We Do with Them and Why

Darian Leader

translated by Takuya Matsumoto,
Hidemoto Makise

ダリアン・リーダー

松本卓也　牧瀬英幹 訳

左右社

ハンズ　手の精神史

目次

007 1 分裂する手
——自律と自由のパラドックス

033 2 自律する手
——手と口の病的な関係

057 3 掴む手、放す手
——愛着と喪失

083 4 社会化される手
——手を暇にさせておくことの危険性

115 5 鎮める手
——感覚を取り除くための刺激

149 6 暴れる手
——暴力行為の効能

175 7 言葉と手
——手を使わせるテクノロジーの今昔

211 訳者解説

I 原注

HANDS: What We Do with Them and Why

ハンズ　手の精神史

凡例

原著の脚注は巻末にまとめた。

訳者注は＊を付してページ内に記すか、文中に〔　〕で記した。

1 分裂する手——自律と自由のパラドックス

インターネット、スマートフォン、ＰＣによって彩られる新たな時代は、私たちの存在や他者との関わり方に根本的な影響を与えたといわれている。なるほど、たしかに日常生活の根幹をなすデジタル技術によって、空間と時間という古い境界は崩壊したようにみえる。私たちは、即座にコミュニケーションをとることができるようになった。相手が遠くにいたとしても、近くにいたとしても、コミュニケーションは同様に可能であり、他の大陸に住む身内とスカイプすることもできるし、隣のテーブルに座っているクラスメートにメールを送ることもできる。画面にタッチするだけで、ウェブを介して動画や写真を流すことができるし、公私にわたる生活を事細かにソーシャルメディアに公開することだってできる。人々が電車やバスやカフェや車のなかで行っているのは、画面をタップして会話する、ブラウズしてクリックする、スクロールしてスワイプする、といったことだ。

　これらの変化の結果として、二十一世紀の私たちは新たな現実に住まうようになったと、哲学者、社会理論家、心理学者、人類学者はみな異口同音にいう。たとえば、関係がより浅くなったとか深くなっただとか、より長続きするようになったとかその場かぎりのものになっただとか、より脆弱になったとかしっかりしたものになっただとか、そういったことが語られている。多くの職場がヴァーチャルなものになるにつれて、「9時5時勤務」という枠組みに当てはまらない生活を構築する新たな可能性が生まれてもいる。私たちがどのように理解しようとも、これらの変化が実際に生じたのだということ、つまり、世界は以前とは違う場所になったということ、デジタル時代は疑いの余地なく新たなものであるということを誰もが認めている。

しかし、人間の歴史におけるこの新時代を、少々異なる角度からみればどうだろうか？　現代文明がもたらすものへの新たな期待や不満に焦点を当てるのではなく、今日の変化を、「人間が自分の手を使って行うことの変化」として捉えてみるとすれば？　デジタル時代の到来によって、私たちの経験のありさまが変わってしまった例も多いかもしれない。しかし、この時代には、もっとも明白であるにもかかわらず無視されている特徴がある。それは、これまでに前例のないほどのさまざまな方法で、手を忙しくしておくことができるようになった、ということではないだろうか。

実際、手の使い方には大きな変化がみられる。シェイクスピア・アンド・カンパニー書店のオーナーによれば、現代の若者は紙のページをめくる際にもスクロールの動作を行うことがあるのだという。アップル社は、ある手振りの特許を申請している。二〇〇七年に申請された特許７８４４９１５は、文書のスクロールとピンチインの手振りを、二〇〇八年に申請された特許７４７９９４９は、さまざまなタッチの手振りを含むものであった。手振りでも特許を取得できるのだが、両者ともすでにある特許で扱われていたため、申請は無効と判断されている。

　医師の観察によれば、このような変化にともなって、コンピュータや電話に関連した手の障害が大幅に増加しているという。指と手首が、これまでは存在しなかった新たな動きのために用いられているためである。この新たな変化の結果として、手それ自体の硬組織と軟組織の両方に変化が起こることが予想されている。最終的には、口の構造が変化した——食卓用ナイフの導入によって咬合の形態が変化した、といわれている——のと同様に、手も大きく変化することになるだろう。約二五〇〇年前までに私たちが行っていた（上下の前歯がちょうど合わさる」切端咬合《せったんこうごう》は、食卓用ナイフが食物の新たな切断法を可能にしたために、（上の前歯が下の前歯にかぶさる）過蓋咬合《かがいこうごう》となった。こういった事例のように、身体が技術にとって二次的なものであることは、今日の製品のネーミングにも反映されている。iPadやiPhoneにおいて大文字になっているのは、使用者としての「私《アイ》」ではなく、パッドと電話《フォン》なのである。

しかし、手の使い方がたしかに変化しているのだとしても、「手を忙しくしておかなければならない」という事実は新しいものではない。織物から糸紡ぎ、編み物、書き物にいたるまで、人間はつねに手を使っている。子守中の親がかつては編み物をしたり、新聞のページをめくっていたりしたのだとしたら、今日の親はメールのやり取りをしたり、ネットサーフィンをしたりしている。自宅では、コンピュータゲームが手指を占有している。世界でもっとも成功したゲームである「マインクラフト」には、つねにプレイヤーに追従する、奇妙なスクリーン上の手が現れる。また、レゴが驚異的な人気を誇るのは、マーケティングが巧妙なだけでなく、手に仕事を与えておくという基本的な機能をもっているからではないだろうか？

手を忙しくしておくことの重要性が理解されたことだろう。だとすれば、なぜそうしなければならないかということに思いを巡らせることができる。手に何もすることを与えず、手をぶらぶらさせておくことにはどんな危険があるのだろうか？　絶え間ない手の活動は、実際にどんな機能を果たしているのだろうか？　幼児にとって、手はどのような役割を果たしているのか、また、その役割は幼児期にどのように変化していくのだろうか？　手と口のあいだにはどのようなつながりがあるのだろうか？　手の使用を妨げられたとしたら、私たちは一体どうなってしまうのだろうか？　手の使用を妨げられたときに、私たちは不安やイライラや絶望を経験するかもしれない。そのような感情が明らかにしているのは、手を忙しくしておくことが単に気まぐれや暇つぶしの問題ではなく、身体をもつ存在としての私たちの、その核心にある何かに影響を及ぼすということである。

　そして、このことは、私たちをあるパラドックスへと導く（後に、このパラドックスをたくさん提示しよう）。先ほどの問いに対するもっとも明白な答えは、私たちは物事を行うために手を必要としている、ということである。手は私たちに仕える。手は実務的な活動の道具であり、私たちが何かを行うための手段である。手は、私たちの願いを叶えるために、世界を操作することができる。私たちは、投票したり、賛成を示したり、団結を確認したりするために挙手を行うが、それは、手がその所有者である人間という能動性の主体《エージェント》を表すために用いられているからである。ゾンビやフランケンシュタインの映画では、彼らは自分の目の前に手を差し出した状態で歩く。このジェスチャーが暗示しているのは、彼らの視力が悪いということではない。むしろ、彼らが純粋な目的をもっていることを暗示しているのである。

しかし同時に、私たちの手はまさに不従順なものでもある。目、脚、耳などの身体の部分が勝手に動き出したり、何かに取り憑かれたりする小説や映画はたしかに存在する。しかし、手が独立して——身体とつながっている場合もあれば切り離されている場合もある——動き出し、（その多くの場合）殺人を犯してしまう物語のおびただしさに比べれば、ものの数ではない。映画『芸術と手術』から『死霊のはらわた』にいたるまで、ホラー映画に身体の一部分が登場する場合、悪の力に支配されるのは、脚や目や口ではなく手であることが多い。

これらのフィクションの多くで、手は、登場人物の意識的な決断に反した行動をとる。手が殺人や復讐を行うとき、手の持ち主である人物は、あるレベルではそうすることを望んでいるが、社会やその人物のセルフ・イメージはそれを禁止している。映画『キラーハンド』でマイケル・ケインが演じた漫画家は、彼を不当に扱った人物を虐殺した犯人が、実は自分自身の切断された手であったことを知ることになる。手が誰か他の人物の意思を完全に体現している、というシナリオもある。この場合の他の人物とは、霊、あるいは移植手術で手指を提供してくれた人物であったりする。いずれの場合でも、これらの物語の不幸な英雄は、自分自身の身体と戦わなければならない。そのために、手は〔自分のものでありながら自分のものでなくなるという意味で〕分割ないし分裂をこうむることになるのである。

ところで、このような分裂は、日常生活のなかにも蔓延《はびこ》っているのではないだろうか？　パートナーや友人の話に集中しなければいけないのに、私たちの手は、メールを書いたり、メールをチェックしたり、Facebookのページを更新したりしたくてむずむずしてしまう。電話やタブレット、iPad依存の状況に不満を漏らす人もいる。まるで、彼らの手がそれらに触れずにはいられないかのようである。人間の能動性《エージェンシー》や所有者としてのあり方の象徴である手は、自分自身の一部分でありながら、自分の自由にならないものでもある。史上もっとも成功したカルチャー・プロダクトのひとつ、ディズニーの映画『アナと雪の女王』は、とある手——自分が望んでいないことをしてしまう手——をもつ少女のジレンマを描いている。エルサの手は、触れるものすべてを氷に変えてしまうのだ。この物語は、「彼女のなかにある、彼女以上のもの」という聖アウグスティヌスの表現を借りれば、「彼女自身のなかにある、この彼女以上の」部分を検閲し、統制し、そしておそらくは受容しようとする彼女の努力をテーマにしているのである。

アメリカの元大統領のジミー・カーターは、二〇一五年に自分が脳腫瘍に苦しんでいることを公表した際に、問題は「神の手のなかにある」といった。能動性がどこにあるのかと問われたとき、選ばれるのは、精神や頭ではなく手である。あたかも、手は欲求それ自体を表すかのようである。映画『ターミネーター』の最後のシーンを考えてみてもよい。サラ・コナーを殺すことを唯一の目的とするサイボーグは、体の残存部分が破壊された後でも、ぼろぼろになった手を伸ばして前に進む。その手は純粋な目的である。実際、このシリーズの続編で、致死的な未来の新技術を生み出すのは、この残った片手である。

　能動性や力と手とのこのような結びつきは、聖書からガレノス、カルヴァンの「手の神学」からアダム・スミスの「見えざる手」にいたるまで、あるいはそれ以上に長い歴史をもっている。聖書のなかで、手は身体の他のどの部分よりも頻繁に言及されており、旧約聖書には実に二千回以上も手が登場する。初期のキリスト教では、神は雲から出て来る巨大な手として描かれることが多く、法を記す銘板はもともと手の形をしており、そこに各々五つの戒律が刻まれていたという。この「神の手」というイメージの遍在性には、偶像崇拝の禁止という観点からの解釈が与えられることがある。つまり、神は顔を見せることを禁じられていたため、代わりに身体の四肢のイメージが選ばれたのだ、という解釈である。身体の残りの部分を見ることが許されていないために、はじめて手が出現しえたというわけである。

手は能動性を伝えるのに役立つ道具である、という考えは、古代においても一般的であった。アナクサゴラスは、人間は手をもっているがゆえに知性をもつと主張していた。他方、アリストテレスとその後人の多くは、人間は知性をもっているがゆえに手をもつのであって、手は私たちの意思を持続させる道具にすぎない、と反論した。実際、中世の語源学は、「手（manus）」という語を、手によってなされる「サービス（munus）」という語から派生したものと考えていた。これと同じ考え方は、ローマの雄弁家によって編集された修辞学マニュアルのなかでも数多く取り上げられている。彼らは、スピーチのなかで例をあげたり、句読点を打ったり、強調を行ったりするために用いられる、手の複雑な動作について詳述している。クインティリアヌスは、「要求する、約束する、呼び出す、却下する、脅迫する、懇願する、嫌悪や恐怖を示す、質問する、否定する」といった事柄を示す際の手の使い方について説明している。また彼は、キケロを読めば、彼が演説のどの時点でジェスチャー（身振り）を用いていたのかをいい当てることができるとも主張している。

人前でスピーチする前には、指の広げ方や手の角度、身体に対する手の位置についての慎重なリハーサルが必要であった。手振りは、スピーチにおいて不可欠な部分を形成していた。キケロはこれをsermo corporis、つまり「身体の言語」と呼んでいる。これらは、スピーチの内容や構成よりもさらに重要であると考えられることもあった。古代のジェスチャーに関する歴史家であるグレゴリー・アルドレーテが述べているように、キケロの殺害後、彼の切断された頭と両手が公開されたのは、偶然ではなかったのだろう。

手は、古代のみならず今日においても特別な価値を与えられている。ほとんど全てのＳＦ、スパイ、アドベンチャー映画には、主人公が手動で（＝手を用いて）コンピュータを無効化しなければならないシーンが含まれている。このテーマがきわめて頻繁にみられるのは、それが私たちにとっての重要な何かと関連があるからではないだろうか。単純に考えれば、このテーマを、機械の力が私たち人間を凌駕することに対する不安の表れとして解釈することもできる。むしろ、手は能動性の主体であり、つまり最終的なコントロールを行うものである、という信念を固辞しようとしていると考えてもよいかもしれない。

手は能動性を具現化するものであると、あまりにも強調されている。そのため、「能動性の主体」をともなわないとみなされる行動を説明するために、手の存在が仮定されることすらある。神経学では、一方の手が他方の手と相矛盾する目的のために動き、患者の意識的な命令に従わない状態を「エイリアンハンド」症候群として記述している。ある初期の研究論文では――ピーター・セラーズが、ナチス式敬礼をしようとする右手を止めるために、何度も左手を使わなければならなかったシーンが印象的な、ある映画にちなんで――「博士の異常な愛情シンドローム（Dr Strangelove’s Syndrome）」と名づけようとしていたが、査読者がその名前を好まなかったそうである。「エイリアンハンド」と、「アナーキックハンド」――手が自分の身体に属しているように経験されはするものの、手が命令に従わない状態――はたいてい区別されている。

　エイリアンハンドの症例報告には、両手が互いに戦っているようにみえる例がたくさんある。一方の手が本を閉じると他方の手が開こうとするとか、一方の手がタバコの火をつけると他方の手が消そうとする、といった具合である。あるいは、一方の手がテレビのチャンネルを合わせると他方の手がそれを変えようとする場合もある。より不吉な例では、一方の手で人を絞め殺そうとすると他方の手がその掴んだ手を緩めようとし、一方の手で食べ物を口に押し込むと他方の手がそれを止めようとすることもある。さらに、水泳をしている際に、一方の手が患者を溺れさせようとすると他方の手がそれを抑制しようとすることもある。

　クルト・ゴールドシュタインによる一九〇八年の創意に富んだ論文に登場する女性患者は、「私がやっている」のではなく「手がやっている」といいながら、自分の喉を掴んで左手で締め付けていた。その手をふりはらうためには、かなりの力が必要であった。彼女は、「手に悪い霊がいる」ことにすることによって、このトラウマティックな不服従を理解しようとしていた。彼女は、ゴールドシュタインに、「手がふつうではない。手が好き勝手なことをする」と述べ、あたかも手と自分という二人の人物がいるかのように感じていることを伝えた。

　エイリアンハンドに苦しむ人々が報告するところによれば、いうことをきかない手をなだめるためには数多くの戦略があるようだ。吊り紐のような身体拘束器具が使用されることもあるが、手が従順になることを期待しつつ、手に話しかけるのがより一般的なようである。ゴールドシュタインの患者は、手に平手打ちをしたり、「私のお手々さんよ、静かにしてなさいね」と、まるで子どもに話しかけるように、手に落ち着くようお願いしたりしていた。別の症例の女性は、手が自分に対して敵対的な意図を抱いていると感じていた。このケースでは、最終的に彼女がエイリアンハンドを子どものように扱うことで平和がもたらされた。また、母子関係それ自体が、彼女の人生経験においてなんらかの役割を果たしていたと考えるのは妥当だろう。

一部の研究者は、（患者を二群にわけて）手を自分で動かしているという感覚があるにもかかわらず、手を自分が所有している感覚がない群と、ある群とを区別しようとしている。しかし、両者を区別することや、さらにそれを脳損傷の局在に関連づけて区別することは、必ずしも説得力のあるものではない。明らかなことは、その意図がどのように理解されるかは場合によって異なるにせよ、エイリアンハンドが何らかの意図をもつものとして認識されていることである。患者は、手が目的をもって何かをしていると感じており、ゴールドシュタインの患者のように、「私がやった」ではなく、「手がやった」というのである。

手と能動性の問題に関して特に興味深いのは、エイリアンハンドの奇妙な振る舞いを説明しようとする際に、その手をもつ当人が、従順でない手を操っている第三の手の存在について考えることがあるという点である。この「悪い手」は、ある場合には、上空から患者の手の動きを誘導し、左手を右手と矛盾するように行動させる。この現象を説明するためには、分裂した脳——すなわち、「もうひとつの」脳または心——という考えに頼るのではなく、過剰な「〔自分から知らないうちに溢れ出してしまうという意味で〕もうひとつの」手について考えなければならないだろう。

このことが示しているのは、手が所有や自律という観念から切り離し難いものだということである。私たちが何かをしようとするときには、手が作動する必要がある。だが、〔エイリアンハンドの例のように〕実際の経験的な手が私たちの意思にそむくときですら、手は作動せずにはいられないのだ。手の能動性におけるこのようなパラドックスは、現代において「自由」という観念が奇妙に変化していることにも反映されている。私たちは、自律することをつねに奨励されているのだが、その奨励は、その当の自律の可能性を剥奪するような能動性によってなされているのである。スーパーマンの物語の最新版である映画『マン・オブ・スティール』のなかで、主人公の父親は次のように語っている――自分たちの惑星では、誰もがあらかじめ決められた未来をもって生まれてくるのだが、自分は、自分で自分のことを決めることのできる自由な人間を、他の人々とは違う人間を生み出したかったのだ、と。このセリフがもつ循環性は明らかである。すなわち、この反抗の身振りにおいては、自由それ自体が使命となっている。その自由は、これから生まれてくる息子にとってはあらかじめ決められた運命となるのである。

ディズニーの愉快な映画『メリダとおそろしの森』にも、同様のプロセスがみられる。若き王女メリダの母親は、娘の意志をまったく無視して、娘に見合い結婚するようせまる。王女は、その状況から自分を解放するために母親に呪文をかけるのだが、事態は少々おかしな方向に向かう。母親が恐ろしい熊に変わってしまうのである。映画の最後では、メリダが、父親や求婚者であふれかえったホールの前で、自由な選択と個人の尊重の重要性を訴える熱烈なスピーチを行う。しかしながら、ホールの後ろの陰には熊（＝母）がいて、演説のあいだじゅうメリダを誘導していることに聴衆は気づかない。自律した行為とは、実際には、腹話術によってなされる行為なのである。

これらの例は、「能動性と選択」という現代的な考えの中心にあるパラドックスを明らかにしている。自由であることや自分自身で選択を行うことはむしろ義務である。自由と選択は、外からやってくる命令のネットワークに組み込まれており、私たちに自由であるように命令しているのである。ここから得られる帰結は、まったくもって明快である。自律性や自己決定の価値が高まれば高まるほど、人間が行う基本的な活動のうち、意識的に統御することのできないものが病理化されるようになるのである。

いわゆる「依存症」と呼ばれる領域が急速にひろがっていることは、ここから説明できるだろう。買い物依存症、性依存症、インターネット依存症、電話依存症といった診断は世の中にあふれているが、それらの行動は、明らかに意識的に統御できないものであるからこそ、依存症とみなされているのである。しかし、それらの背後にある真の依存症は、自律依存症、すなわち、「私たちは自分自身を完全にコントロールすることができる」という幻想への依存である。私たちがこの自律依存症に巻き込まれれば巻き込まれるほど、依存症とみなされる障害は増えていくことだろう。

　こういった傾向は、非常に強力なものとなった。そのため、今日では生きていることですらひとつの選択、つまりは私たち自身の力によって可能になるものだとみなされている。健康的な生活をこころがけ、よく食べ、運動することによって、私たちは寿命を延ばせるだろう。ウィル・スミスは、怪物に攻撃されていても、冷静に、生き延びるための選択をする。映画『アフター・アース』において、彼は肩に怪物のツメを突き立てられ、水中で身動きのとれない状態にされたときのことを語っている。自分はもう死んでしまうのだと悟り、自分の血が水のなかで泡立っているさまを眺めていた。その後、すべてがスローモーションになった。ツメを見た彼は、「ここで死んでたまるか、と思った。そいつを引き抜いて、俺は自由の身になったんだ」と語る。そして彼は続ける。「恐れるかどうかは自分次第だ。俺たちはみな信念をもっているが、俺の信念はあの日に変わったんだ」と。

これは、強制収容所の生存者における認知世界とはまったく異なっている。スミスの演じる人物は、究極の自己決定の瞬間に合理的な選択をしたが、強制収容所を脱出しえた人々の多くは、自分たちが生き延びえたことを何らかの能力ゆえではなく、純粋な偶然ゆえのものと考えた。強制収容所に関する証言から、「恐れるかどうかは自分次第である」という教訓は引き出せないし、生存が自分自身にかかっているという教訓も引き出しようがない。むしろ、そこでは恐ろしい偶然性が働いていた。ところが、そのような偶然は、自己啓発や自己実現によって覆われた今日の世界には、ほとんど存在する余地がなくなっているのである。

「生き延びよ、長生きせよ」という命令が二十一世紀にもたらしたものを、「二つの生の分離」と呼ぶことができるだろう。これ以前の時代には、この世の生（現世）があり、そして（多くの人にとって）この世を超えた別の生（来世）への信仰があった。しかし、今日においては境界線が新たに引き直されている。境界線は、地上の生とあの世の生のあいだに引かれるのではなく、地上で生きている二つの生、すなわち、純粋に生物学的な生と、現実の、命ある経験的な生のあいだに引かれるようになっている。現在、西欧諸国の政府のほとんどが、市民の生命を守る義務を負っているが、そこで問題となる生という概念は、基本的な生物学的パラメータにまで縮減されているのである。

これは最近〔＝二〇一四年〕のアシャヤ・キングの事例をみても明らかである。この五歳の少年に脳腫瘍の診断がくだされると、彼の両親は、英国で受けることのできる標準的な放射線治療ではなく、陽子線治療を受けさせたいと考えた。陽子線治療は、他の多くの国では、特定の種類の癌を対象に行われていた治療法であった。しかし、コストがかかるため、英国ではその治療のために必要な粒子加速器をまだ開発できていなかった。英国の医師は、自分たちが提案する治療を受けるべきだと主張したが、両親は息子とともに国を離れることにした。しかし、すぐに追跡を受けスペインで逮捕された。これでは、まるで両親の方が誘拐犯である。両親が七十二時間にもわたって拘留されているあいだ、五歳の少年は、生まれてはじめて母親と父親から引き離されることになった。

社会全体から抗議の声があがり、両親は幸いにも釈放されたのだが、この事件が示しているのは、二つの生のあいだの抗争である。一方には少年の純粋に生物学的な生があり、そして他方には、両親への愛着を含む、彼が有する現実的な生があった。身体の健康が他者との関係性と結びついていることは、百年にわたる生物学や心理学の（そして、いうまでもなく精神分析の）歴史により、疑いの余地のないものとなった。スージー・オーバッハが述べているように、二十世紀のもっとも重要な発見は、ハード面での接続とソフト面での接続が同じものだということである。〔ハード面において〕どれほど食べ物や飲み物が与えられていたとしても、〔ソフト面において〕保育者との感情的な接触を奪われた赤ん坊は死んでしまうだろう。アリストテレスでさえ、視覚や聴覚がなくても生は存続するが、触れられることがなければ死にいたるであろうことを認識していた。しかし、このような考えは口先では同意されるとしても、現代医学という残酷な世界においては、生物学的な生は、現実的な生から容赦なく切り離されてしまうのである。

　この事例において、両親が逮捕されたという事実が意味するところは、「両親が少年にとって何を意味し、彼らとの触れ合いがどのような価値をもっているのか」という問題と、少年の生物学的な生存とがまったく別のものとして扱われているということである。少年は、英国の医師たちが正しいと考える方法で「治療」を受けなければならなかった。生物学的な生と感情的な生の重なりが認識されなかったがゆえに、二つの生は、まるでその二つを本当に分けることができるかのように、荒々しく引き裂かれたのである。多くの子ども病棟でも、同様の暴力がみられる。そこではモニターが二十四時間、子どもに異常がないかどうかを精査しつづけている。その一方で、親の面会は最小限に抑えられている。実際、母親はそこでは「〔子どもの命を守る〕生命維持システム」ではなく、「〔システムにとっての〕ノイズ」とみなされることすら少なくないのである。

　このような二つの生の分離は、人々の日常的な慣習や習慣においても——それほど劇的ではない仕方で——作動している。余裕のある人は、ブルーベリーやブロッコリーや穀物やゴジベリーを食べ、ジムに行き、ジョギングをするなどして、体力を維持するために多くの時間を費やすだろう。なぜそんなことをするのか。その答えは明らかだろう。もちろん、健康を維持するためである

――たとえ、実際の生の大部分を、長生きのために放棄しているとしても……。正しく食べることや運動することは、喜びではなく、むしろ義務として感じられている場合もある。そのため、一方の生は、他方の生がもつ純粋で抽象的な概念のために犠牲にされる。イムラックがラセラスにいった[*1]ように、「あなたは生き方を選択しているというけれども、生きることを怠っている」のだ。

現代におけるハンドクラフト〔＝手製の品〕の流行にも、同様の矛盾がみられる。ヴァーチャルなものであふれた世界の明らかな疎外感に対抗するために、私たちは織物、編み物、模型製作、ガーデニング、彫刻、鋳掛けといった伝統的な活動に回帰せよといわれる。手を使って物をつくることは、我々が住まう非物質化された世界に対抗できるものと考えられている。それはまた、過去に存在した身体的な技術――私たちの存在を根拠づけ、私たちを満足させていたもの――の残余、あるいは新たな展開である。

確かにそのような活動は、楽しく、また称賛されるべきものかもしれないが、自らが対処しようとしているものとまったく同じイデオロギーを有している。

よくみれば、グローバル化されたブランドのマーケティングやプロモーション活動もまた、そのようなハンドクラフトの活動とまったく同じ戦略に頼っていることがわかるのである。マーケティングやプロモーション活動は、各人の独自性や創造力、自分の時間の重要性、家族や民族の伝統を継続することを強調している。自宅で手間をかけ、愛情を込めて、手でコーヒーを焙煎する個人と、スターバックスのような巨大企業は、そこでつくられるコーヒーがどれほど異なっていようとも、ますます同じ価値観を共有するようになっているのである。

　人々がハンドクラフトを行う理由について語るとき、その中心的なテーマは、現代市場のテーマとまったく同じであることが多い。つまり、その手作業は、個人の選択の重要性にもとづくものであり、自律性の感覚と喜びの探究を言祝《ことほ》ぎ、自己改善を目指して行われているのである。ここでの要点は、これらの活動が本質的に良いものだとか悪いものだとかいうことではない。むしろ、現代のライフスタイルの達人がオススメする手作業でつくられた特別なものと、大

＊1　イギリスの文学者、サミュエル・ジョンソンによる小説『幸福の探求（The History of Rasselas, Prince of Abyssinia）』

量生産された商品やサービスのあいだの対立は、幻想にすぎないということだ。

もちろん、ビジネスの世界でこうした価値が陳列されるとき、その下に潜む暴力性は隠蔽されている。だが、慎重で繊細な手作業が、もっとも残酷な独裁者と密接に関係していることは無視しがたい事実である。ヒトラーの水彩画や、毛沢東の緻密な書道、そして、映画『ハンガー・ゲーム』でスノー大統領が丁寧にバラを剪定している姿を考えてみればよいだろう。個別化された手作業と自動化された破壊は、奇妙な仕方で結びついているようだ。今日最大の多国籍企業の最高経営責任者（CEO）が公にしている人物像——文化の全体を破壊しながら、模型づくりや陶器づくりを楽しんでいる人——にも、同様の論理が認められるのではないだろうか。

2　自律する手——手と口の病的な関係

新生児は起きているとき、たいていその手で自分の顔や体に触れている。そして、その時間のうちの約二〇％は、口に触れている。〔母親の〕乳首に当たって口が閉じると、手は握りこぶしになる。乳児の吸う力が強くなればなるほど、握る力も強くなる。乳児が手で物（対象）を掴むと、その物は口に運ばれ、サンプリングされ、テストされる。後には、手は自由に伸ばせるようになり、各々の物を取ることができるようになるのだが、その動作は何よりもまず視覚によって可能になるようである。

前章で検討した自由と能動性の問題は、乳児研究とも奇妙な仕方で響き合う。「自律」という概念は、たいていは子どもが母親から分離するという文脈で論じられ、後の段階では、世界のなかに自分の居場所を見つけようとする青年期の闘争を意味する文脈で論じられる。しかし、自由を得るための最初の戦いは、これら二つの時期よりもずっと前に、手と口のあいだで繰り広げられている。人生における最初の一年間、手は、口によって支配されている状態から自らを解放しなければならないのである。初期の研究者が「自律性」の探求と呼んだ過程は、まさにこの過程のことだ。そして、以下にみていくように、おそらく人は、この戦いに完全に勝利するわけではないようである。

赤ん坊は、子宮のなかですでに手や指をせわしなく動かしている。指を広げたり、丸めたり、曲げたり、伸ばしたりするなかで、手はしばしば口へと引き寄せられる。親指のおしゃぶりは、受胎後十八週間という早い時期に開始されることもある。出産時に、おしゃぶりによって指が傷ついていたり、腫れたりしていることもあるほどである。赤ん坊の手は、最初はほぼつねに握られた状態だが、最初の数週間で開かれた状態となり、生来的な反射だと考えられている動きが可能になる。

いわゆる「把握反射」、あるいは手掌把握反射は、手のひらが刺激されると手が閉じるという反射である。反対に、指伸張反射では、指の背面に触れられると指が伸びる。バブキン反射では、両方の手のひらに圧力をかけると乳児の口が開く。看護師はこの反射を、ミルクを飲もうとしない乳児の授乳時に利用することがある。乳探し反射では、触覚刺激があると鼻がそちらの方向へと向きを変え、口は食べる準備をする。こうしてみると、初期にみられる一連の反射において、刺激に対する主要な反応は、吸うことと握ることの二つである。

後の研究者は、これらの反射は完全に自動化されたものではなく、少々複雑なものであることを明らかにした。ピアジェは、子どもが手のひらに触れられた際にどのような注意や関心を示すのかを丹念に研究した。彼は、生後十二日の息子の手のなかに自分の指を入れると、息子が泣き止むことに気がついた。また、乳児の手が乳児本人の顔に触れた場合には、乳探し反射が起こらないこともわかった。これは、「自分に接触すること」と「自分の外部に接触すること」とを区別できていることを示している。強く触れたり弱く触れたりすることで、わずかな〔反応の〕変化が生じることも観察されており、こうした基本的な反応は養育者との触れ合いと関連しているようである。

先に取り上げた動きは、どのように解釈したとしても、手と口が密接に関連していることを示すものだ。赤ん坊は、しばしば授乳の前後に自分の握りこぶしを吸う。また、乳首を口にくわえた瞬間は手を開いているが、授乳が始まると握り締めることもある。映画のシーンでも、口の吸う動きに呼応して起こる手の収縮や、空腹や食欲の旺盛さを表すかのような握りこぶしが映し出されることがある。小さな手は、母親の胸や指を握り締め、リズミカルに開閉する。

舌を突き出すときには、指も押しつけられる。ここでは吸う圧力と握る圧力が相関している。ルネ・スピッツによれば、吸って飲み込むリズムが手の筋肉組織からあふれ出るかのように、口の動きが手に「あふれ出る」のだという。

　初期の研究者の多くは、この握るという原始的な動作は、「操作（＝手の操作）」というよりも「体内化（＝身体的活動を通して、外的対象を体内に取り入れる無意識的幻想のこと）」に関係するものだと考えていた。セルマ・フライバーグは、盲目の子どもたちと行った研究から、手の「口との病的な関係」と彼女が呼んでいる事象について説明している。一人の少年がフライバーグを引っ掻き、皮膚に爪を突き立てたとき、それをサディズムの発露ではなく、ただ彼女を遠くに行かせまいとしているのだと理解した。このケースでは、手は口のように振る舞っており、指の爪は歯のようであり、指先の動きは噛んでいるかのようだった。口で行うことが、手に転嫁されていたのである。

　その少年が、ふたたびフライバーグを捕まえてひっかいたとき、彼女は「恐れる必要はないわ。私はどこにも行かないわ」と少年にいった。すると、少年はその行動を止めた。それ以来、フライバーグやその少年の母親が攻撃的だと思っていた行動は、恐怖から生じた行動だと認識されるようになった。手は、攻撃していたのではなく、包み込もうとしていたのである。

手と口とのこのような協調関係は非常に強力である。アーノルド・ゲゼルが著した幼児の発達に関する古典的な教科書には、「手」の索引項目に「口と手を参照せよ」と記載されているほどである。実際、手は、口の媒介物であるようにみえる。保持や獲得や探索を行おうとする口の努力が、手に引き継がれるからである。実際、「味わう《テイスト》」という言葉は、もともとは触って試すことを意味しており、今でも両者の関連性が残存したままの言語も少なくない。ミルトンの小説『失楽園』では、これら二つの言葉は交替可能なものとして使用されている。イヴの行為は、あるときには「味わう」と表現され、別のときには「触る」と表現されているのである。同じ等式は、芸術史においても広く観察される。事実、原罪の描写では、イヴが果実を味わっているイメージよりも、果実や「禁じられた木」に触れているイメージが多くみられるのである。

たいてい、手と口のこうした協調関係は、後に生じる手と視覚の融合と対比される。早期の段階についていえば、吸綴《きゅうてつ》反射《はんしゃ》を生み出すのは視覚ではなく、乳房に触れた際の触覚であり、赤ん坊は目に見えるものに向かって手を伸ばしているわけではない。実際、コールウィン・トレヴァーセンのような生物学者は、その丹念な研究において、生後一週間の乳児がすでに視覚に頼って手を動かしていることを明らかにしているが、手がもっぱら視覚に縛られるようになるのは数カ月後であることもまた明らかである。というのも、背中と首の筋肉が不完全にしか発達していない赤ん坊は、手を伸ばすために必要な姿勢をまだとることができないためだ。しかし、特別な補助椅子を用いた実験では、生後五〜八週間の乳児においてすでに、生後二十週間にみられる手の動きの特徴が認められるのだという。

　これら最初の数カ月のあいだ、口はいわば手を後見人としつつ、目を支配している。見ているものを掴んだり、掴んでいるものを見たりすることは、赤ん坊が最初からできることではない。手は視野の内外を動いているように見えるが、まだ視覚に従属しているわけではない。そのため、掴まれたほとんどのものは依然として口に運ばれることになる。この段階ではさまざまな感覚様式のすべてが機能しているのだが、手はまだ目に忠誠を誓っているわけではないのである。

クロスモダリティの研究を参照すれば、この時期には、情報があるモダリティから他のモダリティへと伝達されていることがわかる。ピアジェによると、彼自身が目を開閉させると、息子は手を開閉するのだが、娘は口を開閉するのだそうだ。「開く－閉じる」という図式は、感覚モダリティを横断して伝達されるのである。より複雑な実験も行われている。アンドリュー・メルツォフは、生後一カ月の赤ん坊に、視覚的には見えないような状態で、さまざまな質感のおしゃぶりを吸わせた。次に彼は、おしゃぶりを見えるようにして赤ん坊に提示した。すると、吸っているおしゃぶりが見えているときのほうが、赤ん坊がおしゃぶりを吸う確率があがることがわかった。舌には非常に細かい感覚弁別能力があり、おしゃぶりの質感に関する情報が口から目へと伝達されていたのだ。しかし、まだおしゃぶりに手を伸ばそうとはしなかった。

生後三カ月から四カ月になると、赤ん坊は物を口に運ぶようになる。しかしその時点では、赤ん坊はまだその物を見ていないことがある。この頃になると、視覚が手の動きに影響を与え始めるのだが、視覚によって誘導された手の動きは依然として口の動きに結びついたままなのである。これは、動きがまだ結合されておらず、より探索的な段階にあることを示している。口は依然として探索を行うための主要な器官として機能しているのである。この時期には、赤ん坊の手はせわしなく物を捕えては離し、滑らせ、回転させる。子どもは頻繁に手を見るようになり、そのすぐ後の生後四、五カ月頃には、ついに目と手が協同し、見えている物を掴むことができるようになる。この時期に手掌把握反射が消失し始めるのは、おそらくは偶然ではない。口が依然として認識や好奇心の中心として機能しているのだとしても、その役割は徐々に手に任せられるようになっていくのである。

　生後五、六カ月頃になると、手は視覚に誘導されて動くようになる。すると、乳児は見ているものに手を伸ばすことができるようになる。しかし、物に手を伸ばすことができないときはどうなるか。ジェローム・ブルーナーが観察しているように、そのとき乳児は目を閉じることがあるらしい。まるで、行き詰まったときには、視覚から手を切り離さなければならないとでもいうかのようである。同様に、乳児は手がふさがっている状態のときに、手を伸ばした先にある物に口を向けることがしばしばある。何でも収集する癖があった少年時代のダーウィンも同様の体験をしている。彼は、両手がすでに希少な標本でふさがっていたため、欲しかったカブト虫を口で捕まえようとしたのだという。

　こういった目と手の関係は非常に複雑であるため、親が子どもの努力——実際には、それは彼らの主体性にほかならない——を歪曲して捉えてしまうことがある。親の眼差す方向に子どもが目を向けようとしない、あるいは目を向けたがらないと、親はある種の不安を抱くようになる。私たちは、幼児の瞳のなかに、世界への関心の兆候が見つかればいいと思っており、そこに幼児の選択的な嗜好のしるし——「他のものではなく、まごうことなきそれを見たがっている」ことのしるし——が見られないと、懸念を抱くことがある。何らかのものに幼児の注意が注ぎつづけられている場合には、幼児が何か行動を起こさないかと期待しがちでもある。たとえば、幼児が物に向かって手を伸ばすことを私たちは期待してしまう。いわば、目と手のあいだの共謀関係こそが欲望であるとでもいうかのように。

しかし、赤ん坊が盲目で生まれたとすれば、視覚的な関心の兆候は存在しない。この〔目と手の〕重要な協調がない場合、親は、その子どもは視力だけでなく欲望も欠けているのだと考えるかもしれない。しかし、視覚障害者と共に仕事をする人たちが指摘するように、そう考えてしまうのは、目と手の結びつきに優位性が与えられているからにすぎない。乳児が私たちの見てほしいものを見ていないとしても、乳児に欲望がないわけではない。それは単に、幼児が何かを切望する際の運動表現が、視線が定まるだとか、見ている方向に進むような姿勢をとるといったような、私たちが読み取れるような仕方で表出されていないだけである。顔の表情、特に眼差しの方向と動きを通して、主体の状態を考えようとする場合、視覚的な好みを表に出さないような子どもにどのように応えるかは、特に難しいことだろう。

フライバーグや彼女の同僚が見出したように、親たちがすべきことは、子どもの顔を読むのではなく、手を読むことであった。子どもの目からその関心を予測できるような兆候は、たしかに存在している。しかし、目が手から切り離されていることもあるのだ。生後七カ月の女児トニに、母親が玩具をひとつずつ見せても、トニの顔は微動だにしなかった。トニの顔は退屈そうだった。しかし、彼女の手はそうではなかった。トニは、指で玩具のひとつひとつを丹念にテストし、ついには玩具を口に持っていって探索した。彼女は、明らかに玩具のうちの二つを他の玩具よりも気に入っていたが、そのメッセージは視線の方向ではなく、手の動きによって伝えられていたのである。

盲目の子どもたちの多くは、自分が手に持っている玩具の方に顔を向けない。私たちは、人が視覚によって何かを点検しているとき、その兆候を「関心」をもっていることの証だと考えてしまう。そのため、トニにとってはどの玩具も重要ではないのだと考えてしまいがちである。しかし、眼差しはそむけられていたとしても、トニの指は玩具のガラガラの隙間や石鹸皿の隆起、柔らかいブラシの毛を探索しているかもしれない。同様に、フライバーグが記しているように、玩具を落としたとき、トニは姿勢を変化させたり突然泣き出したりすることはなかったが、その手は別のことを示していた。手はテーブルの表面をなでるようにして、目では確認できない場所を指で探していたのである。

手によってなされるこのような「繊細な言語」は、見逃されてしまうこともある。私たちが、眼差しと手はまとまって機能するものだ、ということを暗黙の前提としてしまうからである。人は、手を伸ばす先にあるものを見るはずだ、というわけだ。しかし、眼差しと手を分けて考えることもできる。そうすれば、目による統制が限定的なものである可能性に気づかされるだろう。たとえば、オーソン・ウェルズの映画『オーソン・ウェルズのフェイク』の冒頭シーンについて考えてみてもよい。初めに、ローマの賑やかな通りを挑発的な様子で闊歩するオヤ・コダールに対するイタリア人男性たちの視覚的な反応が映し出される。その後で、彼らの手がクローズアップされる。その手はナーヴァスで、苛立っており、歪んでいることがわかるのである。

生後一年目の後半にもなると、口による知覚は次第に失われていくようである。何でも口に入れようとすることがなくなり、乳児は物を見ながら手でそれを調べることに多くの時間を費やすようになる。この頃には、姿勢の変化が顕著にみられる。最初の数カ月において特徴的であった緊張性頸反射——頭を一方に向けると、そちら側の腕が伸展し、もう一方の腕は肩の方に曲がる反射――は、頭の正中位指向にとってかわり、それによって手を対称的に上手に動かせるようになる。以前の姿勢では、視覚的な注意は手を伸ばした方向に限定されていたのだが、正中位指向が視覚的な範囲を拡大させるのである。

　すると乳児は、一方の手から他方の手に物を移動させることができるようになる。また、視覚に頼りながら、物に手を伸ばし、物を掴むこともできるようになる。目と手は強力な協調関係にあり、お互いに連携して機能するようである。両手の相互関係にも関心が向けられるようになる。生後一年目の終わり頃になると、親指と人差し指とをぴたりとくっつけることができるようになる。この頃には、新しい器用な動きが可能になる。押し開けたり、突いたり、引き抜いたりすることができるようになり、指を使って食べることも容易になる。

　生後一年目の後半になると、子どもはスプーンを使って食事をするようになる。観察者たちは、この時期の子どもが、食事中にしばしば「手を忙しくしておくための何か」を求めるようになると記述している。同様の分岐点は、乳房から哺乳瓶という伝統的な移行期にもみられる。小児科の歴史は、この移行を促進するために――きまって男性によって――発明されたさまざまな装置によって彩られている。その装置は、瓶型の容器に「何かが付け加えられた」形をしていることがきわめて多い。一七七〇年に売り出された、ヒュー・スミスの有名な「乳房ポット」は、先端部分に長い噴出口がついたコーヒーポットのように見えないこともない。その噴出口の上には、きめの細かい布片がゆるく結ばれており、ミルクを濾《こ》す役目を果たしている。しかし、より重要なのは、子どもがその布片を乳首の代わりとして遊ぶのにも役立っていたことである。

　赤ん坊が食事をするとき、口だけでなく、手も使用する必要がある。そういった理解から数多くの栄養補給物が売り出されたが、スミスの「きめの細かい布片」もそのひとつである。授乳中に指が口のなかに入ってしまうのと同じように、指は胸や瓶をなでたり、ひっかいたり、つまんだりする。しかし、指を吸っている時でさえ、もう一方の手が何か掴むものを探そうとすることもある。フロイトはこのことを「掴む欲動」（Greiftrieb）と名づけ、乳児の吸引行動を、自分自身や母親の一部を引っ張る行動と結びつけようとした。この行動は、母親の手や耳たぶを対象とすることもあれば、ウィニコットが「移行対象」と呼んだことで有名な、小さなぼろ布や布切れを対象とする場合もある。

　早期にみられるこういった手の活動は、口で行われる身体活動として捉えることができる。いい換えるなら、口がしていることやしようとしていることが手に反響しているわけだ。ウィニコットは、先の小さな対象はまた別の機能も備えていると考えた。彼の主張によれば、母親と子どものあいだの空間に現れる「移行対象」は、関係の直接性をある種超越することができる。その対象は、母親でも子ども自身でもないような、中間的な空間に位置づけられる対象であり、それが創造や成長のための基盤をかたちづくると彼は考えたのである。

　ここには原始的かつ奇妙なトランザクションがあることを検証してみよう。乳児は食べるとき、乳首や瓶を、またおそらくは指を口に入れる。それと同時に、何らかの物（対象）を握り締めたり、こすったりもする。このような行動が、単純な生物学的な栄養摂取モデルとはどれほど異なっているのかは明白だろう。私たちがここで観察しているのは、精神分析において「欲動」と呼ばれているものだ。これは、大まかにいえば、このような事例において、純粋な〔生物学的な〕欲求のレベルを超えて生じているすべての事柄だといえる。しかし、この物（対象）の役割とは一体何なのだろうか？

　このことについて考えるためには、まず、指について検討する必要がある。よくいわれるのは、乳首や哺乳瓶が見つからず欲求不満が生じたとき、指がそれらの対象の代わりになるということである。しかし、指は、乳房や哺乳瓶を吸うという実際の行為に、それ以前からすでに関わっており、ウィリー・ホッファーが指と乳房や哺乳瓶との「競争」と呼んだものを生じさせている。まるで乳児が、吸うことによって、そしておそらくは飲み込むことによって活性化される感覚それ自体を――本当はミルクが感覚を活性化させているのだが――探し求めているかのようである。授乳の経験は、感覚が感覚それ自体としての重要性をもつようになるがゆえに、原初的な分裂をもたらすのである。

　赤ん坊は、あるレベルでは、空腹感や喉の渇きを和らげたいと思っている。そして、別のレベルでは、最初のうちは授乳と結びついていた満足感を再現したいと望んでいる。この探求は果てしなくつづき、また、かつてあった満足感を再び見出したいという動機は、人間の生活のあらゆる側面に爪痕を残す。薬物を使用する人は、最初に薬物を使用したときのことを再発見しようとしているのだと語る。食べ物や飲み物を選ぶ、セックスをする、スポーツをする、タバコを吸う、買い物をする、余暇を楽しむといった、私たちの日常生活の実践のほとんどが、これと同じ探究のためになされている。フロイトは、ある体験を別の体験と一致させ、完全に写しとり、元の感覚を再現しようとするこのような努力を「知覚の同一性」と呼んでいた。

人々は、この「知覚の同一性」を再現するために、日々努力を重ねている。食べ物や飲み物についての要求がどんどん具体的になっていくのも同じ原理である。母乳をごくごくと飲む生まれたばかりの赤ん坊が、チョコレートを添えたミディアムスキニーフラットホワイトを要求するようになるまでには、どのくらいの時間がかかるだろうか？　現在、私たちの街を埋め尽くしているコーヒーバーは、個人の好みの味を提供することを専門にしている。それは、顧客の一人ひとりがホットドリンクについて絶対に譲れない条件をもっているためである。こういった物を修飾するための〔「チョコレートを添えた」「ミディアム」「スキニー」といった〕単語は、「現実的なもの」に到達することの難しさに比例して増加するだろう。「現実的なもの」は、究極の物（対象）や目標ではなく、単にマッチングの過程のなかに、「同じもの」を見つけることから得られるのである。

ここでは、広告とブランディングがその真の力を発揮する。機関車トーマスがテレビや一部の商品に登場するのを見て、子どもが満面の笑みを浮かべるのは、〔物語の舞台である〕ソドー島のとてつもなく退屈な世界に関心をもっているからではなく、そのトーマスのイメージが以前見たものと一致するからである。ブランドは――テーブルや椅子や木と違い――とても精密な、変化することのないイメージを提供してくれるのだが、子どもはそういった物を識別するのが大好きだ。ブランディングは、他のどんなものよりも優れた、再発見の可能性を与えてくれるのである。

ところで、かつて経験した満足が指によって再発見されるのだとすれば、指には原初の喜びの痕跡や、欲求不満の原因となったものの痕跡も含まれていることになるだろう。テリ・チェイニーは、自らの成長について回想した本のなかで、自分で自分の身体を傷つける自傷の瞬間を、他の誰かへの攻撃であるかのように感じていたと述べている。「私が自分の身体を傷つけていたという事実は、私自身に本当に生じていたわけではなかった。それは私が感じていたことではなかった。私は母の創造物であり、傷つけるという行為はすべて、私ではなく、母を困らせるものだったのである」。

乳児期のあらゆる身体機能は養育者とつながっている。そのため、身体的な機能と領域それ自体のなかに、養育者との相互作用のなかで顕在化する愛、怒り、痛み、絶望、喜び、欲求不満が埋め込まれる可能性がある。授乳、おむつ交換、トイレット・トレーニング、睡眠といった行為はすべて、必然的に子どもの生物学的な身体以上のものを含むようになる。それらの行為は、口、皮膚、生殖器、耳、目、呼吸器を、私たちを世話し、食べさせ、きれいにし、拭き、私たちを見て、話しかけ、読んで、歌ってくれる人物と結びつけるのである。

こうした過程を通じて、これらの身体の領域は交換の場となる。後の人生において、非常に多くの行い――なにかに触れることに始まり、眠りを誘うときの手の使用、マッサージ療法における癒しの手にいたるまで――が、この「身体的な」つながりがもつ力を引き出せるのはそのためである。実際、電子カルテが普及した今日において、患者は、診察中に医師が自分に触ってくれなかったことにがっかりすることがよくある。患者の訴えの内容から、患者が罹患していると思われる病気の名前を、純粋に言語的な相関関係をもとに判断し、処方箋をつくり、それだけを根拠として処置が行われたなら、患者はだまされたと感じ、何かを奪われたと感じるのであろう。それは、そこに手がかかわっていないからである。

　もっとも、このような身体相互のつながりは人生の最初の時期から存在している。赤ん坊は、授乳中に母親の手や顔に触れてから、その手を自分の口に移動させる。そのとき、母親の身体の一部分や、母親の経験も一緒に運ばれているのだろうか？　赤ん坊は、しばしば親指を口に入れながら、自分の顔を触る。あたかも、吸う人でありながら、世話をする人でもあるかのように。おそらく赤ん坊は、母親との手や指を使った相互作用からこういった一連の行為を生み出すのであろう。同様に、母親の身体の一部（たとえば、耳）を引っ張った後に、自分に対して同じことを行う場合もある。

　ピアジェが観察したところによると、生後三カ月の息子に手を差し出すと、彼は手を伸ばそうとする。しかし同じ姿勢で子どもの手の届かないところに手を差し出した場合、彼は自分の手で同じ仕草を繰り返す。この子どもは、単に運動図式を反復していただけなのだろうか？　それとも、何らかのレベルで、自分の手を父親のそれに同化させようとしていたのだろうか？

虐待された乳児は、かつて自分が親に揺さぶられていたのと同じように、自分自身を揺さぶることがある。まるで、自分が親と子どもの両方であるかのように振る舞うのである。おむつに手を入れる理由を尋ねられた二歳の子どもは、「一緒に遊んでくれる人がいないとき」にそうしているのだと答えた。その手は別の人物を具現化するものであり、それは多くのホラー小説や映画にみられるもの――悪の力に取り憑かれた手――とまったく同じものなのである。

かくも複雑な身体の共存は、新生児が自分の手に向けるもっとも無邪気な眼差しにも見出せるだろう。研究者たちは、赤ん坊が自分の手に魅了されて見つめる仕草に興味をもちはするものの、未だにそれを「神経支配」の発達という図式にうまく結びつけることができていない。スピッツが気づいていたように、視線が定まることは、子どもの手を用いる能力自体にはほとんど直接的な影響を与えておらず、直接的に影響するのはある程度の時間が経った後である。手は、まるで身体の一部分ではないかのようであり、身体以上のものであるかのようである。手は、ホラー小説が示唆するように、決して私たち自身の一部にはならないエイリアンのような存在なのである。

手は、赤ん坊にとって奇妙な他者を体現している。そして、それは、他の誰か、すなわち親——その人物の愛し方や世話の仕方が、乳児の身体や身体機能に強く結びついている人物——の存在を示す指標ともなりうる。子どもは、夢を見ているかのように親指を吸うことがあるが、まるで他の誰かのものであるかのように怒った表情で親指を睨みつけることもある。子どもは、親指を乳首の代わりとして、あるいは、それ以上のものとして使う。親指を、他者を内包した混成的な要素として使うのである。だとすれば、子どもは乳児期に母親の胸から分離されなければならないだけでなく、自分の手からも分離されなければならないということになる。

赤ん坊が大事に持っている毛布の端やぼろ布の話に戻ろう。これが第一の逃げ場になっていることがわかるだろう。子どもと母親の身体が互いに区別なき状態で扱われている空間で、移行対象は、母親でも自分でもないような、一貫性の根拠となる地点を提供してくれる。自分が手に持っているもののおかげで、どこか別の場所にいることを可能にする方法を提供してくれるのだ。しかし、多くの人にとって、そうした対象は人生を通して練り上げられていくものであろう。

3 掴む手、放す手——愛着と喪失

既存のアドベンチャー映画に、誰かが誰かを崖から落ちないように手で引っ張るシーンが毎度のごとく登場するのはなぜだろうか？　たいてい、登場人物たちは自らに課された試練を見事に切り抜ける——もっとも、ぶら下がっている人が耐えきれず、奈落の底へと落ちていく場合もなかにはある。こういったシーンは驚くべき頻度でみられるため、（人生の）初期に経験される何らかの場面と関係があると考えることもできよう。しかし、それは一体どの場面なのだろうか？

　子どもの頃、まるで自分が飛行機になったかのように、親に持ち上げられ揺らされたことはあるかもしれないが、ぶら下がった状態を維持するという経験はそれほどない。不思議なことに、手を使ってぶら下がることはまったく不可能なことではない。実際、十九世紀後半の研究者たちは、何度も実験を繰り返し、新生児が自分のほぼ全体重を手で支えられることを明らかにした。大人が人差し指を赤ん坊の手のひらに置くと、赤ん坊はその指をしっかりと握り締める。そのようにして、指だけで赤ん坊の体を持ち上げ、ぶら下がった状態を維持できたのである。このような新生児による手の把握は、まるで万力のようにしっかり固定されている。また、筋肉は、生後数週間のあいだの方がそれ以降よりも緊張度が高いのだという。

　このような並外れた力が働くのは、多くの霊長類がいまだそうであるように、新生児が生き延びるために母親にしがみつかなければならなかった時代の名残であると理解されてきた。精神分析家のイムレ・ヘルマンは、人間の場合、母親の身体からの分離がいちじるしく早期の段階で起こると考えている。私たちの行動の多く——たとえば、互いに寄り添って寝ること、手掌把握反射、手が性愛的な価値をもつこと、吸啜の優位、危険な状況下で何かにしがみつこうとする傾向——は、この早過ぎる離乳を取り戻そうとするための、あるいは、埋め合わせようとするための努力として捉えることができる。

　この観点はきわめて興味深い。脅威に晒されたとき、私たちは——たとえ、掴むことが生き残るという目的に直接的に結びつかないとしても——何かを掴もうとする傾向がある。つかまるための何かは人工物であっても、自然物であってもよい。ロープやいかだ、木の幹にぶら下がるシーンを含む小説や映画を考えてもよいだろう。ヘルマンの理論に従えば、いたるところに見られる「何かにぶら下がる」というこのシーンは、母親の身体からの早期の分離にフォーカスしたイメージということになるかもしれない。私たちは、そこから振り落されることを恐れ、そこに引き戻されることを切望しているというわけである。

広く普及している精神分析的な見方では、私たちが人生の初期に経験するあらゆるものは口を源泉としていると考えられていた。しかし、ヘルマンのような考え方は、それと好対照をなしている。広く理解されていたのは、子どもが母親へと接近するのは、母親を口で取り込もうと試みているのだという説だったが、ヘルマンはむしろ母親にしがみつく欲動の方に着目し、この過程における皮膚と筋肉の役割を強調した。ヘルマンの友人であるマイケル・バリントは、握手や按手《あんしゅ》〔＝キリスト教の叙階式で、神の祝福をもたらすために人の頭の上に手を置く行為〕のような数多くの行為をそこに結びつけている。こうした行為は、他者に助けを求める行為や、何らかの仕方で他者に同一化しようとする行為であるかのように見える。

しかし、ヘルマンらの説ではしがみつく対象をうまく説明することができない。しがみつく対象のすべてを単なる母親の代理物と捉える説には説得力がないし、それよりも、母親を代理したり体現したりするものと、そうでないものを区別しようとしたウィニコットの努力のほうがより実り豊かなもののように思えるのである。洪水や地震の際に、板や木にしがみつくという典型的なシーンは、この違いを正確に表すイメージとして考えることができそうだ。自然災害が、新生児にとっての巨大で全能な母親の力を思い起こさせるのであれば、新生児がしがみつく粗末な対象は、そこから逃げるために用いられるぼろ布や毛布に似ているといえるだろう。

しかし、なぜぶら下がっているシーンが頻繁に見られるのだろうか？　生後一週間の新生児は、母親の手から引き離されたとき、少しのあいだその手を追ったり、一時的に断ち切られた接触を修復しようと試みたりすることがある。こういった行動は、たしかに接触に対して付加価値を与えうるかもしれない。しかし、どうしてぶら下がることが必要とされるようになるのかは説明できない。結局のところ、ぶら下がることは、生きるか死ぬかの問題であり、「自分が遺棄されるかもしれない」というイメージと関係している。では、なぜその際に手に焦点が当てられるのだろうか？

　一九六五年、世界中の観客が涙したデビッド・リーンの映画（＝『ドクトル・ジバコ』）のなかで、ジバコ博士の娘は、父親との接触が永久に失われたその瞬間について叔父に語っている。爆発が起こり、人々は逃げ回っていた。「〔その場で〕父は私の手を離したのです」と、彼女は強く感情を込めながら言った。そして、もう一度同じ言葉を繰り返した。この場面において、手を握ることはまさに人間の愛着の指標である。彼女は、その後そこから逃げ、喪失を経験した。それを「奈落への転落」と表することは確かに誇張ではない。

　また、手で支えられている人物は、必ずしも支えている人物の愛する人や友人ではない。敵であることもある。敵によって救われた者は、敵対心を失う場合もあれば、不本意ながら相手に借りをつくったままにしておく場合もある。その人のおかげで命がある、というわけである。もちろん、これは私たちが世界に生まれ落ちることそれ自体に備わっている、もっとも基本的な特徴のひとつである。私たちは、生まれてくるときにすでに、自分の人生を両親に負っている。この事実は、必ずしも容易に受け入れられるものではない。特に、両親とのあいだがうまくいっていない場合はなおさらである。誰かが誰かを手で支えているというイメージが、もともと母親とつながっていたへその緒の構造を反映していることは、おそらく偶然ではないだろう。

より稀なケースではあるが、最近〔＝二〇一四年〕の映画『猿の惑星：新世紀』のシーンのように、支えている人が手を放すことがある。この映画は、寛大で文明化された類人猿シーザーと、喧嘩好きで不誠実なコバとの対立を描いている。映画のラスト、爆発が起こった後、シーザーはコバを奈落の上にぶら下げる。コバは「猿は猿を殺さない」というシーザー自身の格言を彼に思い出させて慈悲を請う。すると、シーザーは「おまえは猿ではない」という言葉とともに手を離し、コバを奈落に落として殺す。

残念なことに、この場面は、オリジナルシリーズの特徴だった左派的な精神に反している。映画『猿の惑星』の初期作品は、差別、人種差別、スティグマへの配慮がさまざまな仕方で試みられたものといえる。また興業としての失敗の危険を冒してまで、核兵器を崇拝することが世界の終わりを生じさせるのだと説いている。だが、先のシーンでは「彼ら」と「私たち」のあいだに生じる、古い人種差別的な区別が再構築されている。コバは、「猿」というカテゴリーにもはや適合しなくなったために殺されている。これはまさに、人種差別的な残虐行為が過去から現在にいたるまで、しばしば「人間」のカテゴリーからの排除を根拠として行われていたのと同じことなのである。もしシーザーが、「コバよ。そうだ、おまえは猿だ。そうだとしても、あれほど悪いことをしたのだから、俺はおまえを殺すのだ」といっていたとすれば、いくらかマシであっただろう。

　この映画において、掴んだ手を離すという行為は死をもたらすものであり、まさに生と死を分けるものである。この行為は、私たちが〔前章で〕検討した、開いたり閉じたりする運動――生後一カ月のあいだに頻繁に認められる、手と口の協調によって担われる運動――とは正反対のものとして理解できるだろう。したがって、アクション映画やアドベンチャー映画の典型として現れる「ぶら下がり」の場面が重要なのは、私たちみなが経験してきたことを上演しているがゆえではない。そうではなく、反転の可能性を有するがゆえに重要なのである。「ぶら下がり」は、愛着（しっかり握ること）と喪失（掴んだ手を解くこと）を表象するものになるのである。

　ぶら下がりの場面と比較しうるのは、子ども時代にもっとも一般的に抱く恐怖のひとつ、すなわち「ベッドの下から手が現れて、自分に掴みかかってくる」という恐怖である。ここまでの例では、落下しないために手を掴んでもらう必要があったが、こちらの例では反対に、手を掴まれることは生ではなく死をもたらす。あなたはその手から逃れなければならない。こうした恐怖の存在はいたるところで認められる。TVドラマシリーズ『ドクター・フー』のエピソードは、そのことを示している。世界中の子どもが「隠れた手が自分を掴みにくる」という話を信じているせいで、〔異星人である〕タイムロードは「ベッドの下には本当に何かがいる」と確信してしまうのである。

　掴むというまったく同じ手の動作が、これほど異なる感情を生じさせるとは何と奇妙なことだろうか。私たちは、ぶら下がりのシーンでは手を離さないでほしいと願うが、一転、子どもの寝室のシーンでは、手が離してくれないことに恐怖する。これらは、同じコインの表と裏なのだろうか？　このようなイメージは、触れるという人間的行為において実際は一体となっている側面を、ただ分離しているにすぎないのか？

子ども時代を考えてみると、いたるところに私たちの感情を区分けしようとする試みがある。おとぎ話の多くは善悪をきっぱりと二分しがちであり、たいていの子どもは、誰が良い人で誰が悪い人なのかを特定しようと夢中になる。もっとも、最初は善と悪の単純な区分けが好まれるが、だんだんとその区分けは複雑になり、同じキャラクターのなかに良い部分と悪い部分が同居しているものもある。ディズニーの映画『アナと雪の女王』は、氷を操る姉エルサの手を危険なものとして描写する一方で、アナとハンス王子のあいだには〔一般に良いものと想定される〕恋愛関係を導入している。ハンスは実際には自分勝手で、殺人すら厭わない人物だったことが後に明らかになる。しかし子どもたちにとっては、なぜ良い人であると思われていたハンスが悪人に変わるのかは理解しがたく、説明に苦心するようだ。他方、年長の視聴者は、その矛盾に対する耐久性が高いようである。

このディズニー映画における語呂合わせが意図的なものか、思いを巡らせてみることもできるだろう。最初はネガティヴな力がエルサの「手《ハンズ》」によって具現化されていたとすれば、物語が展開するにつれて、その力はハンサムな「ハンス」王子に局在化されるようになる。つまり、悪の力の重点は、身体の一部分から一人のキャラクターへと移動するのだが、「ハンズ－ハンス」という音の一貫性は維持されている。エルサが自分の力を良いことのために使うことを学んだとしても、依然として悪いハンスがいるのである。

たしかに、子どもの頃は、もっとも愛着のある人から離れなければならないときがある。こうしたジレンマから引き起こされる、子どもの一見風変わりな振る舞いは、しばしば親を当惑させる。子どもは、母親のもとから逃げ出してはすぐにしがみつき、冷たく送り出してはまたすぐに抱擁を求める。映画『Ｉｔ／イット　〝それ〟が見えたら、終わり』で描かれるゲームはおそらく、近づくことと距離をとることという同様の問題を扱っている。つまり私たちはもっとも一緒にいたいと切望するものから逃げ出すのである。手こそが、〔善いものと想定される〕接触にとっても、また〔悪いものと想定される〕感染にとっても特権的な部位であることは重要であろう。

ほかにも、手錠でつながれた二人が一緒に逃亡するという、よくある物語を例に挙げてもいいだろう。彼ら二人――警官と犯人、自由な人物と頑固者、無実の人と罪を犯した人――は、当初はお互いに反感をもっていることがつねである。しかし、物語が進むにつれて、彼らのあいだに尊敬や愛の絆が生まれていく。そして多くの場合、どちらか一人が、もう一人を解放するかどうかの選択を迫られるようになる。その選択はお互いにとってリスクがある――もし相手を解放すれば、彼は自分の武器をこちらに向けてくるだろうか、あるいは逆に、迫り来る危険から互いを守ろうとするだろうか？――ため、その重大な決定をくだすには完全なる信頼を要するのである。

映画『Ｉｔ／イット』のゲームがそうであるように、こうした筋書きは、団結の後には分離が起こるというイメージに基づいている。しかし、この団結は選択されたものではなく、強制されたものである。団結が状況からしかたなく生じたものであるのに対して、分離は選択されるべき行為である。この団結と分離の一瞬のあいだにこそ、登場人物どうしの感情的な絆が生まれる。つないだ手を離すことは、不安定で苦悩に満ちた愛と憎しみの融合が――ファンタジーのなかで――解き放たれる、そのための枠組みとなっているのである。

後に学校の教室で起こる初恋は、こういった相反する両価的な感情の痛みを和らげようとしているのかもしれない。初恋には、ただ一人の代替不可能な崇拝の対象が存在する。両親に対する愛情と非難という不安定な混合物に立ち向かう代わりに、そこには、より純粋な形の心酔が生まれている。しかし、その心酔の裏にはつねに、相反する不穏な感情が混ざり合っている。私たちが慰めを求めて依存しているその手は、まさに私たちが分離しなければならない手でもある。ある段階において、「手が私たちを落としてしまうのではないか」という恐怖があるのだとすれば、「私たちを決して手放そうとしない手」という、より大きな恐怖もあるだろう。ベッドの下の生き物は、ただの化け物ではなく、より正確にいえば、私たちを掴む化け物である。その手は、私たちを掴み、決して離そうとしない。幼少期に必要とされていた私たちを掴んでくれる手は、いまや私たちを保護してくれるものではなく、私たちを捕らえるものの象徴となったのである。しかし、このような脅威がなかったとすれば、私たちは保護者から分離することなどできるのだろうか？

幼少期における掴むことの重要性が注視されてきたために、その後に習得される他の手作業、すなわち、手を放す能力は劣ったものと認識されてきた。握ることは反射行動として始まるが、手を放すことはそうではない。手を放すことは、少なくとも人生の最初の一年間に学習される必要があるのだ。アリストテレスは、「手の仕事は、物を掴み、保持することである」と説いたが、彼は物を所有することを強調したせいで、この重要な変化を見過ごしている。幼児が箱や立方体を積み重ねて塔をつくるときに一番難しいのは、それらを掴んだり置いたりするときではなく、逆に、塔を壊さないように気をつけながら手を離すときである。

幼少期においては、物から自発的に手を放すことはほとんどない。というのも、何かから手を放すためには屈筋が抑制される必要があるが、それは生後六カ月の子どもにとって容易なことではないからである。たとえば、塔をつくるために掴んだ立方体から手を放すためには、各々の指に相対する親指の接触を同時に解除する必要がある。物を落とすことは自然な反応ではなく、学ぶべき技術なのである。手を開く方法を知っているだけでは不十分であり、タイミングを適切に判断することも求められる。初めて靴紐を結ぼうとするとき、子どもは手を引っ込めようとして紐を引き抜いてしまうことがしばしばある。

　興味深いのは、子どもが行う初期の遊びの多くが、握り締めることと手を放すことのあいだのゆらぎを巡って展開していることである。生後十一カ月の男児が、箱に入った糸巻きを全部外に出し、それらをまたひとつずつ箱のなかに戻そうとする遊びを例にしよう。その男児の場合は、どうしても糸巻きが手にくっついてしまっていた。彼は、糸巻きから手を放すことができなかったのである。握り締める動作が、手を放す動作を無効化してしまうのである。姉が彼を呼ぶと、顔を上げて手を開き、糸巻きを箱に戻すことができた。フロイトの孫のエルンストの場合はよりスムーズであった。彼は、有名な「フォルト／ダー」のゲームにおいて、糸巻きを握り、それを投げては戻すことができたのである。

　この生後十八カ月の男児は、小さな物を見つけて手に取っては、部屋の隅やベッドの下に投げ捨て、「オーオーオーオーオ」という長い言葉を発するようになった。フロイトは、この音のなかに「フォルト（＝いない）」という言葉を聞き取り、その子がそれを用いて「いないいないばあ」をして遊んでいるのだと想定した。ある日、彼は一本の紐で結ばれた木製の糸巻きを手に取り、それを視界から消すようにカーテン付きベッドの端に投げて、再び「オーオーオーオ」といった。その後で、彼は糸巻きをベッドから引っ張り出して、再び嬉しそうに「ダー（＝いた）」といった。このゲームは、消失と再現からなっていたのである。

　母親が留守のあいだ、彼は糸巻きだけでなく、自分自身の姿を消す方法を発見した。彼は姿見を使って、自分の鏡像を「いない」ようにするために、しゃがむことを覚えたのである。フロイトが指摘しているように、このエルンストは母親の不在を我慢することができ、「いない」は彼が最初に覚えた言葉のひとつであった。フロイトは、この子どもが母親の不在を埋め合わせるために消失を演じ、その後で、対象の回帰を演じているのだと考えた。自分が〔母の不在に対して〕受動的であった場所で、自分自身を能動的にしたのだ。彼は、置き去りにされた者から、在と不在を操作できる者になったのである。

しかし、フロイトは次のように付け加えてもいる。対象を捨てることは、復讐の衝動を満足させるものでもあるのだ、と。まるで母親に「いなくなってしまえ！　僕はママなんかいらない！」と伝えるかのように。実際、一年後、彼の父親が兵役のために家を留守にしたとき、エルンストは手に取った玩具を投げつけて、「しぇんそうにいっちゃえ！」と叫んだ。この場合、投げつけることと手を放すことに違いはあるのだろうか？　多くの子どもたちは、物から手を放すことができるようになる前に、物を押しのけることができるようになる。あたかも、真の分離が可能になるためには、最初の行動における怒りや反抗を発散する必要があるかのようだ。

　言語においては、投げつけることと手放すことの区別が維持されているといえる。というのも、私たちは、怒りや強い愛着を乗り越えることができるようになったときに、自分が悩まされていたものを「手放すこと《レッティング・ゴー》」ができたという風に語るからである。手放すことがそれほど頻繁ではないという事実は、この過程がどれほど困難なものであるのかを示している。皮肉なことに、私たちは、現代の文化のなかで絶えず「〔前に〕進め」、「〔過去を〕手放せ」と指示されてはいるものの、より支配的な命令を包括してみると――職場での無意味な研修からジムでのトレーニングにいたるまで――自分たちがしているあらゆることにもっと愛着することを要求されている。

今日の就職のための書類には、その仕事で必要とされているタスクが何であれ、限りない熱意とエネルギーがうかがえるような志望動機をしたためた手紙を添付しなければならない。この場合の志望動機とは、自分の興味関心と関係して継続的に機能するものというよりも、むしろ思いのままにスイッチを入れたり切ったりすることができるものである。実際、今日の学校や大学の卒業生は、自分の選んだ分野で就職する機会がますます少なくなっており、志望動機それ自体も、幼少期の才能とのつながりを失っている。

たとえば子ども時代のフランク・ロイド・ライトは木製の積み木で遊び、後に建築物をつくるようになったが、周知の通り、今日の雇用環境の変化によって、同じような道筋はほとんどみられなくなっている。それだけではない。労働者や求職者は、やりたくない仕事に対しても絶対的な情熱を示さなくてはならないのである。広告やブランディングにおける強調点が、製品それ自体に置かれる——私たちのアイスクリームは美味しい——のではなく、製品と労働者との関係に置かれる——私たちはアイスクリームに情熱を注いでいる——ようになってきていることは注目に値する。

企業の営業担当者に会うと、彼らは笑みをたたえ、手作りの、手間ひまかけた、手を加えた製品に対する熱意にあふれている。だが、数週間も経てば、彼らはまったく別の会社に移り、今度は別の製品に対して圧倒的かつ限りなく大きな情熱を示すようになる……。ここにあるのは、愛着と喪失のリズムではなく、愛着と愛着のリズムである。

だとすれば、現代生活で強く求められる打たれ強さや積極性が、意欲喪失や抑うつ状態によってたびたび中断されることは特段驚くべきことではない。喪失感がとつぜん——どこからそれがやってきたのかもわからないうちに——私たちを襲うのは、その喪失感を適切に「手放し」たり、十分に反芻処理《ワークスルー》したりするための時間や空間が与えられていないためなのである。

喪失に場所を与えることの困難は、不在だけでなく在を処理することの困難にも同じように反映されている。フロイトは、「知覚の同一性」について書いている。私たちの人生の大部分が失われた対象の探求に、つまり原初的かつ神話的な快の経験を再発見しようと試みることに費やされているとしても、そういった探求が「何かを欲望する」という経験だけに回収されるわけではないことを、彼は示唆している。自分の外側にあるものを再発見し、再獲得しようとするならば、そこには身体の高揚《アジテーション》の名残が、すなわち、内在的な緊張――この緊張は、早期の欲求が直面した問題に関連している――が残ることになろう。

子どもがその欲求不満や痛みを一掃できるよう、うまく対応できる親はいない。また、知覚の同一性の問題を解決してくれるような魔法も存在しない。私たちは人生の始まりから、「要求が満たされるよう探求する」ことと、「満足が繰り返されることを要求する」ことのあいだで、つまりまったく異なる二つのもののあいだで板挟みとなっている。こうして、身体にはある種の掻痒感《そうようかん》が生み出される。それは内的な不穏さであり、私たちは、満足をもたらしてくれそうなさらなる刺激を外部から取り込んでそれを和らげようとする。フロイトが考えたように、こういった行為は、吸うことにも類似したある種の身体的な「操作《マニピュレーション》〔＝手の操作〕」という形で現れる。

しかし――おそらくはここが重要な点なのだが――この操作は単独で行われるわけではない。フロイトは、吸うことについて述べた箇所において、まさに自分の身体の他の部分や他者の身体を「同時かつリズミカルに引っ張ること」について言及しているのである。つまり、官能的な満足への探求は、手の動きに「結びつけられて」いるのだ。あたかも、口だけでは私たちの高揚を抑えるのに不十分であるとでもいうかのように。なるほど、性生活を考えてみても、キスをするときに手が何もしていないことなどあるだろうか？　フロイトが述べたように、そのようなときには、引っ張ったり、こすったり、愛撫したりといった行為がつねに同時に観察されるはずである。

実際、ある種の性行為は、緊張状態を最大にするためにまさにこの原理を利用している。手を縛られ、その使用が強制的に制限されている場合、その結果として生じる圧迫感それ自体が性的な目的をもつようになる。また、この場合、手は完全に受動的であるわけではない。自らを抑制する紐と格闘し、もがくのである。実際、一部の人々にとって、手は服従という行為全体における焦点となっている。

このような手の行為は、口だけでなく、その他のあらゆる身体の欲動――口唇欲動、肛門欲動、視る欲動、聴く欲動――にも結びついている。身体のある一部を中心として満足が探求されるとき、見ているのか見られているのか、話しているのか聞いているのか、噛んでいるのか吸っているのかにかかわらず、フロイトが述べているような手の随伴が生じる。身体にはつねにある種の過剰が生じており、私たちの身体（手）はその「過剰」を絶えず追放しようとしている。そしてこれこそが、欲動の緊張状態がもつ解決不可能な問題なのである。いつの時代も、身体から緊張を取り除く試みに、さまざまな名前が与えられてきた。瀉血の時代における「浄化」、都市衛生の時代における「排水」、そして、瞑想の時代における「空になる」といったものがそれにあたる。新時代の教師たちは、私たちの身体はデトックスされねばならないと語るが、彼らは昔から連綿とつづく問題――私たちのなかに、過剰があるという問題――を新たに定式化しなおしているにすぎないのである。

同じ理由から、身体から何かを抜き取る医学的・精神的な処置は、どの時代でも人気である。「精神の健康」を回復させるためにバクテリアまみれの歯を抜いたり、感染が起こっているわけでもない胆嚢や虫垂を取り除いたりすることはすべて、自分自身からの分離を上演しているわけだ。悪魔祓い映画がはかりしれない魅力をもつのは、私たちから何かを取り除くという同様の感覚を提供してくれるからだろう。悪霊が身体から強制的に取り除かれればひと安心、というわけだ。

ジムに通うことも同様の役割を果たしている。なぜ何時間も走ったり、サイクリングをしたりするのかというと、圧倒されるような身体の高揚感を避けるためなのである。ドライブは単に何らかの満足をもたらすための活動というよりも、むしろ身体の特定領域に刺激を求める活動であるといえるだろう。その刺激がなくなると、不安や緊張、漠然とした切迫感が経験されるのである——実際、ジムに行かなければならない理由を、このように説明する人は多い。

いうならば、人間は「聖杯と指輪」のあいだのスペクトラムに存在している。あるレベルでは、私たちの生活は欲望によって、努力することによって、そして支配することによって特徴づけられており、それらは手を伸ばすイメージとして具現化される。古い聖杯の物語はまさにそれであり、その物語では莫大な報酬をもたらしてくれる唯ひとつのものを探すことがテーマとなっている。聖杯が描写される際に、その聖杯に向かって伸びる手がしばしば描写されるのは偶然ではない。しかし、別のレベルでは、私たちは何かを手に入れるのではなく、何かから自分を引き離すことを強いられる。私たちの時代のもっとも成功した子ども向けの物語、『ロード・オブ・ザ・リング』においても、重要なのは指輪を手に入れることではなく、手放すことであった。

　探し求められていた聖杯や指輪、あるいは不老不死の霊薬をようやく手にしたとき、その人物に何が起こったか。映画『インディ・ジョーンズ』から『パイレーツ・オブ・カリビアン』まで、数えきれないほど多くの物語において、宝に触れた者は殺され、その身体は文字通り爆発したり、内側から溶けてしまったりする。そうなりたくなかったら、その宝を取り除くしかない。これこそが、欲望（自分を超えた何かに手を差し伸べること）と欲動（自分の内部の高揚を弱めようとすること）との違いである。

欲望はそれ自体が達成であり、子どもによってなされた創造である。欲望とは、目標を身体の外部や身体を超えたところに位置づけるものである。しかし、欲動はより根本的なものである。ラカンが示唆したように、ある意味では、欲望は欲動に対する防衛として——ただし、うまくいかないこともある防衛として——理解することができるかもしれない。「〔対象を〕より多く」求めること（欲望）は、同時に、「〔高揚を〕より少なく」することを求めること（欲動）でもある。欲望が欲動という原初的な経験から現れるのだとすれば、手が欲望や欲動と大いに関係していることの理由も明らかであろう。欲望のイメージとしての手は〔対象に〕手を伸ばそうとするものであり、欲動の器官としての手は病的な興奮であふれたものなのである。

手を使わせるための技術《ハンド・テクノロジー》は、欲動がもつこのような残忍な体制を合法化してくれる。指でタップしたり、こすったり、スクロールするようになるにつれて、私たちは、ジムでの時間や、スポーツや運動といった、よりわかりやすい身体の実践にとらわれなくてすむようになった。私たちはどこでも手を使うことができるようになったのである。だが、多くの人々にとって、この「できる」は、実際には「しなければならない」である。現代人はもはや部屋でゆっくりすることができない、とパスカルはいった。それは、情報や娯楽が過剰になったからというよりも、私たちを飽和させるこのような身体の過剰を放出しなければならないからである。

4 社会化される手——手を暇にさせておくことの危険性

一九九〇年代のストーナー映画『アイドル・ハンズ　僕の右手は殺人鬼!?』では、社会のなかで「もっとも怠惰で駄目な奴」とみなされた人々に邪悪な力が取り憑く様が描かれる。殺人を犯さないように自分の手を縛ることを義務づけられた主人公が友人に助言を求めると、友人はこういう。「秘訣は、忙しくして、トラブルを避けることだ。手をぶらぶらさせていると、そこを悪魔が遊び場にしてしまうからね」。

いわずもがな、この最後のフレーズは、宗教的・世俗的な文脈で伝統的にいわれつづけている、ある戒めのことを指している。これはすなわち、手を忙しくしておかないことの危険性を説いているのである。聖書の物語において、アダムとイヴは、禁じられた木の実を食べた後、手を用いて忙しく働くことを運命づけられる。原罪を犯す前の仕事が愉快で気楽な仕事であったならば、今やそれは辛く、骨の折れる仕事になったのである。ここでは、手を忙しくしておくことは労働と等価なものとみなされている。少し前まで、特権をもたない人間は、できるだけ低賃金で長時間働くべきだという主張がしばしばみられた。不穏な悪魔が彼らの余暇につけ込むといけないからである。

こういった考え方は明らかに、そう主張していた当の本人である金持ちのエリート層にとって好都合なものだった。彼らが労働者に強要していた低賃金・長時間労働を正当化できるからである。しかし、それと同時に――そして、何世紀も前から――手をぶらぶらさせておくことは、個人と社会秩序の両方にとっての脅威としてみなされてもきた。人は手を忙しくしておかなければならない、と考えられてきたのである。修道士や修道女は、起きている間中ずっと忙しくしていなければならなかった。その理由は、アダムの運命を不朽にするためというよりも、生き延びるために必要な精神と身体の「結び目」を維持するためであった。

いわゆる身体の「文明化」の歴史について、今日では多くの研究がなされている。宗教的な忠告に始まり、十五、十六世紀の儀礼書にいたるまで、人々が自分の身体を用いて何をすべきであり、何をすべきでないのか、座る・立つ・食べる・話をするための方法、そして手を忙しくしておく方法を知る機会は無数にあったようだ。それらの出版物は、それを手に入れる特権をもつ人々にしか読まれていなかったかもしれないが、これまで身体がどのように理解されてきたのか、そして身体は何を期待されてきたのかを明らかにしてくれる。
社会学者ノルベルト・エリアスは、ジェスチャーや身体的行動が宮廷社会によって次第にかたちづくられ、その影響が都市部や農村部などの他の地域に波及していったことを明らかにしている。儀礼書には、鼻水と唾液が飛散するのは、風邪をひいた人々が手で物を食べ、同じボウルないしは店から食べ物を入手し、それをちょうどよい大きさに切り、ポケットナイフで突き刺し、口や鼻を自分たちの服で拭い、指を舐め、ゲップをし、おならをし、ひっかいたり、いびきをかいたり、唾を吐いたりするせいだ、と書いているものもある。それを避けるべきだという忠告が多いということはつまり、そのような行為が存在していたということである。エリアスによれば、事態が変化し始めたのは十六世紀のあいだであるという。

この時代には、新たな宮廷貴族が生まれ、厳格な身分秩序が形成された。すると、他者の感情を害さないことに重点が置かれるようになり、身体の位置づけも変化していった。人々が、身体機能とそれが他者に与える影響のことを、これまでよりずっと意識するようになったのである。また、正しいとみなされる行動をせよという要求も、より強くなっていった。実際、エラスムスの『少年礼儀作法論』には善行と、身体の規律に関する教えが含まれており、これは聖書以来、十六世紀にもっとも広範囲にわたって編集・出版された唯一の本であった。もっともエリアスは注意深くも、ここに原点があるわけではなく、人間集団がそれ以前からつねに身体の実践をかたちづくる象徴的なコードをもっていたことを強調している。つまり、そのコードが、十六世紀以降に特定の方向に動いただけのことなのである。

　エリアスは、家庭が生産の単位から消費の単位へと徐々に移行したことにも触れている。つまり、織物や紡績や屠殺のような活動は、時間が経つにつれて専門家や職人に引き継がれていったのである。こうして、新たな依存関係のつながりが生まれる。それは、自分が周りからどのように見られているのかに注意が向かうことを意味していた。こうして、好ましい身体の慣習と考えられるものも変化することになった。エリアスは次のように指摘している――他人が音をたてながら食べることや、手を使って食べることには、なんら健康上の危険性があるわけではないが、そうであるにもかかわらず私たちはそういった行為にどれほどうんざりすることか！　反対に、他人が暗がりで本を読んだり、ガスで汚染されたりすることには――健康に悪いことが明らかであるのに――まったく異なる反応が引き起こされるのである。

エリアスが文明化の過程についての膨大な著作をものしたにもかかわらず、英語圏の主流な歴史家や批評家が彼の研究をほとんど引用していないことは注目に値する。実際、エリアスの話があがるときまって、彼の仕事はあまりにも一般的であるとか、見当違いであるとか、手に負えないものであるとか、不適当であるとか、少々粗っぽいものであるとかといったように、少々見下したような見解が述べられる。たしかに、彼が用いた歴史的データや感情の水路モデルについては異議を唱えられる部分があるとはいえ、こういった態度には、エリアスが生涯をかけて説明しようと試みた文明化の過程それ自体が正確に反映されているように思われる――まるで、彼が研究した身体と同じように、その仕事も抑制され、制限され、正され、礼儀を教わらなければならない、とでもいうかのように。

抑制や制限と同じ言葉は、現代医学にも見出される。ゲイル・カーン・パスターは、ルネサンス期の生理学理論にも〔エリアスの〕『文明化の過程』と同様の移行が反映されていると主張している。身体の血管や精神を描写することは、衝動性と力——つまり、運動や感情を生み出すエネルギーの働き——を強調することでもあった。四肢に適切なバランスが必要であるように、身体の間質にもバランスが必要であるとされたのである。フランシス・ベーコンが身体における一連の「爆発」とみなしたもの、またエラスムスが物理的な衝動性とみなしたものを文明化するために、内的な調整システムが機能するようになるのもこの時期である。

身体についての理解は、多くの点において、透過モデルから囲い込みのモデルへと移行した。それまでは、身体は多孔性の容器として描写されており、外部に対して開かれたままの状態で、そのなかを体液が動き回っていると考えられていた。たとえば、体の水分量が蒸発や排泄の過程を通じて、周囲の空気との関係によって決定づけられるように、体内の温度調整は外気温によってある程度決定づけられると考えられていたのである。王の侍医が一六一五年に書き留めているように、私たちの身体は「空気が行ったり来たりすることができるように、空気に対して開かれてい」たのである。パスターは、当時の身体はある種の動くスポンジとして経験されていたと述べている。

体液学説の時代はとっくの昔に過ぎ去ったかのように思われるかもしれないが、それは依然として医学の内外に強力に存在している。化学的不均衡についての現代の考え方は、身体の体液バランスについてのルネサンス期の考え方を再現するものである。また、私たちは日常生活のなかで、「風邪をひく＝冷気を掴む《キャッチ・ア・コールド》」、ある感情に「満たされている＝充満している《フィルド》」、「上機嫌である＝良い体液のなかにいる《イン・グッド・ユーモア》」という。パスターが観察しているように、これらの表現は、体液学説の直接的な遺産である。また、かつて体液学説が優勢だった国では天気についての話題が多いが、その理由を説明するためにも役立つかもしれない。天気の話題は、誰かと偶然出会ってしまった際の気まずいひとときを埋めるためにされる中身のない小話ではない。むしろ、身体の内部状態を理解したり、予測したりするために不可欠な情報を知らせてくれるものだったかもしれない。今日においてさえ、天気予報は明日の天気を教えてくれるだけでなく、今日の天気が実際にはどういうものであったのかを事後的に説明してくれるものでもある。

　十七世紀になり、体液学説が支持されなくなった後に現れた新しい生理学は、身体内部の力学を、天気や気温といった外部の要因と切り離すようになった。身体の内側と外側がより厳密に区別されるようになったのである。これは、医学から哲学、自然科学、詩学にまでいたる幅広い文化において探求された過程でもあった。もっとも、身体の透過性は完全に見失われたわけではなく、このような一般化をあまりにも押し進めることは賢明ではないかもしれない。しかし、この時代には、手を身体から遠ざけておくことや、指を身体の開口部に入れないことを推奨する助言が増えたのは確かなようだ。ある歴史家が述べているように、手は自分自身に付き添うだけでなく、自分自身から離れていなければならなかった。指を口や鼻や耳に入れることは、かつては珍しいことではなかった。しかし、次第に人々はこういった行動に対して眉を顰《ひそ》めるようになり、嫌悪感のような新たな反応が引き起こされるようになったのである。

　儀礼の変化は、新たな形の嫌悪感を生み出す。ある瞬間には嫌悪感を引き起こしていたものが、次の瞬間には魅力的に見えるようになることもある。嫌悪感がこのような象徴的な過程に支配されていることは間違いない。しかし、心理学者のゴードン・オールポートと同じように、なぜ人は自分の唾液を飲み込んだり、または針で刺してしまった傷口から自分の血を吸ったりすることは嫌ではないのか、と疑問を抱くかもしれない。唾液をタンブラーに入れて与えられたり、針刺し痕が既に包帯で巻かれていたりした場合、そんな行為はとてもできたものではなくなってしまうだろう。

もちろん、手の取扱いは儀礼本や説教壇だけから学習されるものではない。そのため、どのようにして人々が手を忙しい状態に保っていたのかについては、多くの異なる情報源から推測する必要があるだろう。絵画や素描や彫刻も手がかりとなるが、そこに描かれているモデルのポーズや偏在する図像から、手が実際にどのように動かされ、何を持っていたのかを見出すことは困難である。手の扱われ方については、むしろ文学や、民事文書や法的文書が——現代におけるファッションやジュエリーのアーカイブと同様に——役に立つ。

もっとも、歴史家によって発見された資料の多くは、握手やおじぎ、祝福、そしてより一般的なボディ・ランゲージのような、手がコミュニケーションの手段として使われる場面に焦点を当てたものであるため、私たちの関心と直接関連しているわけではない。こういった資料は、それ自体は魅力的であるし、既に見てきた徴候をそこに見出すこともできるが、手がどのように弄ばれ、忙しくさせられていたのかを明らかにするという目的のためにはあまり見るべきものがないのである。中世において、礼拝のために教会に赴く人々は、多くの場合、手の位置を固定することを推奨されていた。視覚的なメディアを見れば、手がズボンのベルトや短剣の上に置かれていたことがわかる。また、親指をベルトに隠したり、手を腰の前で組んでいたりする様子が頻繁に描かれているのは、手がある程度拘束されていたことを暗に示すものである。

　まずは、教会に注目してみるのがよさそうだ。というのも、教会は、身体だけでなく、身体に課せられる規則が見出されうる場所だからである。初期の礼拝では多くの身体活動が必要とされており、手、腕、脚、目、声のすべてがせわしなく用いられていた。しばしば手を天国に向けて上げたり、目の前で結んだりしていたようである。また、呻くことやため息をつくことも広く行われており、おそらくは現代の福音主義にみられるような形態をとっていたようだ。しかし、十五世紀半ばには、礼拝する人々は手のひらを身体の前でしっかりと合わせ、熱心にひざをつくようになった。ゲルマン民族の慣習に由来すると思われるこの新たな形態のルーツは、宗教というよりも、むしろ封建的な主従関係を表す儀式にあった。領主から所領の下賜《かし》を受けた家臣は、主人と手をつないで忠誠や誠実を誓わなくてはならなかったのである。

　教会における神との関係は、このように封建的服従という特権的な技術から導入されたものであった。当然ながら祈りを捧げる人物は手を一組しかもっていなかったが、暗黙のうちに、その手はもう一組の見えない手に――その人物を縛り付けると同時に導く手に――包まれていた。エイリアンハンドの患者が想定していた過剰な手と同じように、目に見えたり触ったりできるような手が存在していなくても、そういった効果が得られるのであった。祈りの習慣が広まるにつれて、祈りは人間の神への完全な帰依を表すようになった。また、司祭が手を合わせることによって聖体奉挙を行う、現代のフランシスコ修道会の儀式もまた、その傾向を強めているのかもしれない。

もちろん、このような人間の神への帰依は、捕虜が降伏するときに手を挙げ、そのジェスチャーによって自分が武器を持っていないことを示すのとまったく同じように、敵意のないことを示すものでもあった。教会へ礼拝に行く人々が、手を合わせている最中に手をいじったり、ひっかいたり、引っ張ったりすることを禁止されていたのはそのためであろう。これに匹敵する命令が、イスラムの祈りの儀式にもあった。その手の動きにはかなり形式ばった振り付けがある。祈りの儀式がある段階にさしかかると、手をしっかりと地面につけなければならず、手の活動範囲は実質的に無効化されるのである。

教会に参列する人々の身体のなかでもっとも危険な部位は、手だけでなく目でもあったようだ。ダビデがバテシバを見ることによって姦淫の罪を犯したように、礼拝のために教会に行く人々の目も罪を犯すかもしれない。視線は他者に対して好色的に向けられることもあるが、それはどのようにして抑制されたのであろうか？　宗教改革の終わりまでは、少なくともある儀礼上のしきたりが存在していた。祈りのあいだ、人々は手を合わせると同時に、目を閉じていたのである。イスラム教では、目の位置にも厳しい決まりがあり、目の焦点を、メッカにある聖なるモスクの中心に向けることが求められていた。このようにして、教会にとってつねに問題であった——今も問題であり続けている——事柄は、実際に解決されたわけではないにせよ、解決されたものとされていたのである。

　中世の芸術や文学は、人々が意図的に手を用いて物事を行っていたことを示している。しかし、手を使うことを必要とするこのような技術そのものが広範にみられるようになったのは十六世紀のあいだのことである。中世においては、懇願したり、指し示したり、ジェスチャーを示したりする手よりも、物を持っているだけの手が多く観察される。扇子から、手袋、ポマンダー（匂い玉）、ロケットにいたるまで、さまざまなものが手のなかにある。これらの物は、あきらかに社会的な名声を表すものであり、コード化された意味で満ちているが、加えて、手を忙しくしたり手をふさいだりするために一連の物が用いられ始めたことを示してもいる。

　十六世紀以降、肖像画に頻繁に登場するようになった手袋は、その素材や色、型、装飾、長さに埋め込まれた価値によって、何らかの情報を伝達していたのだろう。しかし、そういった表面的な特徴だけでなく、その手袋がどのように保持され、身につけられ、運ばれ、取り外されているのかもまた重要であった。手袋は、まさに社会的な相互作用のなかにおいて際立った存在であり、その取り扱われ方は、二十世紀におけるタバコのそれと多くの点で類似している。

この点に関しては、扇子にも興味深いところがある。扇子は、男女どちらにも人気があり、ベルトやガードルに吊り下げられて運ばれたり、身につけられたりするものであり、他者が近くにいるときには必ずといってよいほど用いられるものであった。扇子は手に持っていなければならず、人はそれをつねに操り、改良しつづけた。扇子は十七世紀半ばに広まり、その表面には顔や地図、標語、宗教的・政治的な場面が印刷ないし手塗りされていた。一七一〇年までに、ロンドンには三百の扇子製造業者が存在するようになり、世紀半ばには扇子税さえ存在していた。

ハンカチも手で持ち運ばれており、非常に大きなサイズのハンカチも存在した。十六世紀、十七世紀の文献には、道路に落ちた扇子や手袋について記載されているのと同様に、道路に落ちたハンカチを巡る膨大な活動が記載されている。まるで、身体に身につけるだけでなく、身体から取り外すことも、こういった物の機能のひとつであるかのようだ。特に、男女間の情事や社会的交流の儀式は、これらの付加物によって媒介されていたようである。ウォルター・ローリーは、泥だらけの地面を避けようとしてエリザベス女王のためにマントを敷いたとされるが、私たちはこの自発的な行動を「物を落とす」というより広範な慣習の一部として理解すべきであろう。

この時期に用いられていた手慰《ハンド・オブジェクト》みは、いじられては落とされるアクセサリーだけではない。髪の毛もまた、同様の役割を果たしていた。エリザベスI世の統治下において、人々は理髪店で半日を過ごすこともあった。髭は固められ、香水をつけられ、編まれ、染色され、捻《ね》じられ、そして後には、対になるように尖らされた。顎ひげや頬ひげに触れることは、二十世紀になるまで、手をふさいでおくためのもっとも一般的な方法のひとつであったかもしれない。事実ディケンズは、口髭について、「それなしでは、人生は空白になってしまうだろう」と書いている。

手袋と扇子の大流行は、後には嗅ぎ煙草や嗅ぎ煙草入れによって取って代わられた。こういった物を買う余裕のある人たちは、どうやらそれを絶えず指で触っていたようだ。雑誌「タトラー」のなかで風刺されているある才人は、嗅ぎ煙草を吸っているときだけ、法廷での質問に答えることができた。彼は、「ときどき嗅ぎ煙草入れを開けては閉じ、蓋に書かれた絵や蝶番の出来栄えを見て、気持ちを落ち着かせる。裁判所に嗅ぎ煙草入れを没収されると、すぐに口がきけなくなり、石のような状態となった」という。また、スターンの小説『センチメンタル・ジャーニー』において、ヨリックは、修道士から角製の嗅ぎ煙草入れを受け取る際、「自らの心をより良きものにするために、この箱を自らの信仰の助けとなるものとして守ります」と宣言している。

　嗅ぎ煙草や嗅ぎ煙草入れのない生活など考えられないのではないか。リチャード・スティールは、やはり雑誌「タトラー」のなかで、「どれほど身分が低く貧しくても、嗅ぎ煙草を吸うと、人は自らの思考に浸ることができる。あるいは、脳や指を使うようになる……」と書いている。手は、コートやチョッキのなかに隠した嗅ぎ煙草入れをほとんど自動的に触っていたことだろう。今日の私たちが携帯電話を持っているのと同じように、かつての人々には扇子や毛、ハンカチ、そして嗅ぎ煙草入れがあった。その次の世紀には、杖や傘がその位置を占めるようになったのはいうまでもない。これが、「イギリス人は話をするときに身振りをしないので、結果として手は余所事なのだ」という言葉の真相である。

ここまで見てきたような手慰みについての明白な分岐点を、そのほかの社会構造の変化と結びつけて考えてみよう。さまざまな伝統を研究する歴史家たちの多くが主張しているように、一五五〇年から一八〇〇年のあいだに「私生活」というものが生み出されるにつれて、人々のあいだには新たな相互作用の形が現れた。そのため集会が、個人の直接的なサークルから切り離され、当時急速に拡大していた喫茶店やロッジ、サロン、クラブといったネットワークのなかで開催されることになった。こういった新たな空間では、個人の地位や身分を可視化する必要があった。また、携帯用製品の取引が増加するにしたがって、それらの製品を手に入れたいという欲望が社会の他の領域にも伝播していった。喫茶店やクラブに頻繁に行くことがかなわなかった人でも、廉価版の扇子や嗅ぎ煙草入れを入手したり、増加しつつあった中古品の取引を利用したりすることができていたのである。

当時、洪水のようにおしよせてきたこのような新たな技術は、注目を集めるとともに嘲笑の対象ともなった。また、誰もが手袋、嗅ぎ煙草入れ、時計、手帳に忙殺されるようになると、それをどのように使うのかに始まり、使い方の巧みさや熟練度であるとか、不格好な使い方や無知な使い方まで、さまざまな情報がさかんに拡散されるようになった。一七一二年の雑誌「スペクテーター」に掲載された広告は、からかい半分に、嗅ぎ煙草入れを所持して「もっともファッショナブルな」方法でポケットから取り出す方法や、見知らぬ人や友人、愛人と煙草を一緒に吸うのに適したさまざまな仕草についてのレッスンを提供すると書いている。

近年、嗅ぎ煙草が徐々に巻き煙草に取って代わられるにつれて、先に述べた特徴すべてが明らかになった。喫煙は、公的・私的を問わず、ほぼすべての時間、手に何かをさせるためのものになった。パイプは、嗅ぎタバコ以前から長年にわたって存在し、嗅ぎタバコよりも低い社会的地位を示すものであったが、そのような連想は十九世紀から二十世紀初頭にかけて大きく変化した。すぐに吸い始めることができる巻き煙草とは異なり、パイプは道具や準備により時間が必要である。それゆえパイプは、時間がかかるぶん、より手を夢中にさせることができたのだ。

　扇子や手袋と同じように、巻き煙草は手に持ち、巧みに扱うことができる物であったが、同時に、社会的な交流や時間を区切る手段としても機能している。同じく重要なのは、煙草がもつ鎮静作用であった。煙草やその箱を手にすることで、ニコチンによる覚醒を抑えるほどの奇妙な自己充足の感覚が与えられるのである。「世界は予測不可能であり、恐ろしく、不条理なところかもしれない。だが、私は必要なものを手にしている。それはご覧の通りちっぽけなものでしかないが、誰にも頼らずに自分で所有することができるものだ」――これは、私たちが経験した最早期の生活を見事に反転した状況にほかならない。喫煙者が自身にとっての必需品を持ち歩く人物となるのは、まさにこのような状況においてである。

歴史的にみれば、私たちは段々と煙草のない世界で生きるようになった。そうなるにつれて、一体何が煙草の代理物となったのか。それに気づくことはきわめて容易だ。そう、携帯電話である。今や携帯電話は、〔当時と〕まったく同じ社会的、身体的空間に降って湧いたかのような仕方で定着している。数年前、ある男性が非常に気まずい経験をしたという。デートしていた相手がキスをしようと彼の方へ身体を傾けたとき、ちょうど彼は煙草を吸っていた。キスがだんだん情熱的になると、彼は煙草の火を消すことができなくなり、煙草を吸いつづけたいという願望とキスをつづけていたいという願望との間で板挟みとなり、よからぬ動揺を感じた。このような二重の愛着が彼を困らせたのだとすれば、似たような状況は、今日かなり一般的なことだろう。ただし今日においては、その板挟みは、パートナーと煙草のあいだにではなく、パートナーと携帯電話のあいだで生じている。

ポケットについてはどんなことがいえるだろうか？　精神分析家のJ・C・フリューゲルは、一九三〇年に『衣服の心理学』を執筆した。そのなかで彼は、オーバーを着たときに、ポケットがあちこちに二十箇所もあったと書いている。初期のポケットは、手が入るようにはつくられていなかった。十八世紀には、片方の手はチョッキのすぐ内側に入れられ、もう一方の手は腰の位置に置かれることが多かった。女性はゆったりとしたタイポケットや麻の紐で結ばれた袋を持っており、スカートやエプロンの下にペアで着用していたが、十九世紀の終わり頃にはようやく小さなポケットや、外部化されたポケットとでもいうべきハンドバッグがそれらに取って代わった。

　男性のポケットのなかに入っていたものは、時計、ノート、紙、パイプ、煙草、鍵、ナイフ、嗅ぎ煙草入れ、ハンカチ、ペン、名刺、ナプキンないし爪楊枝入れ、眼鏡ケース、そして小道具であった。女性の紐付きポケットには、嗅ぎ煙草入れ、鋏、ノート、毛抜き、櫛、鏡、ハンカチ、鍵、祈祷書、その他の家庭用品を入れることができた。ポケットは、そのトポロジーゆえに膣や子宮の象徴として解釈されがちであったが、手を拘束するための装置として捉えてみる価値もあるだろう。男性と女性のポケットを、身体的な刺激を導くものとしてではなく、まったく逆の機能——すなわち手を身体から離したり、手と身体との距離を保ったりする機能――をもつものとして捉えることもできるだろう。ポケットは、手に居場所を与えてくれるものなのである。

ポケットがもつこのような機能は、ポケットを使うことができない場面でより一層明確になる。地下鉄では、電車が動いているあいだは、ポケットに手を入れたまま立っているのはほぼ不可能だ。さらに、社会学者アーヴィング・ゴフマンの観察によれば、近年どうにも奇妙なことが起きているようだ。混雑したニューヨークの地下鉄で「立っている乗客」は、女性から痴漢を疑われても無理はない。そこで男性は、手がどこにあるのかを周囲に知らしめようとするかのように、自分の手を十分に高い位置に置いて、中央の柱を両手で握り締め、明らかにそこから離れないようにしているというのである。この奇妙で居心地の悪い姿勢は、あたかも「どんなことが起きたとしても、それをやったのは私の手ではない」ということを示すかのような、手を免罪する姿勢である。もちろん、地下鉄を出ると、手はポケットに、すなわち、外部の拘束装置ではなく内部の拘束装置に戻されることになる。

アダム・スミスは、同時代の人々が珍重する「ささやかな装身具や装飾品」

について不満をもらしたが、彼はその新たな囲い込みの装置がまったく無益であると思っていた。「人々のポケットは、ほとんど役に立たないものでいっぱいになっている」、そして「彼らはたくさんの物を運ぶために、高齢者の服にはみられないような新たなポケットを考案している」と書いた。彼は、それらポケットの価値は「重荷に耐えるという苦労に値しない」と考えていた。しかし、ここにあったのは苦労ではなく、単に新たな形のニーズだったことに彼は気づかなかった。手は、何かを掴んだり、掴んだまま離さないでいたり、操作したりする必要があったのだ。こうして、「便利さ」とポケットの両方が同時に成就されたのである。

　ポケットのなかにあるものに対して人々が抱く愛着は、十八世紀中は、嘲りの的となっていた。そのような態度が、現代における私たちの携帯電話への依存にも影響していることは間違いない。携帯電話は、コミュニケーションしたり、情報を取得したりすることを可能にするものというより、むしろ身体的な緊張を緩和するための水路ないし媒介物である。「便利さ」とポケットのあいだには明らかな相互関係がみられる。もっとも、ポケットのなかに手を入れることは、手袋のなかに手を入れることと同じではない。それ以上のものが必要なのだ。鍵やペンやコイン、そして携帯電話のような、音を鳴らしたり手でいじったりできる装置が求められるのはそのためである。

　これらのうちの多くが、それ自体がもつ機能的な用途を失っていることは明らかだろう。ペンや鉛筆がもつ「書き写す」という行為が次第に携帯電話に取って代わられているように、あまり使われていない機能にも変化が起こる場合もある。当然、扇子や傘についても同じことがいえるだろう。扇子は持ち主の地位を示すとともに、話題づくりの役目も果たしていた。さらには、十七世紀および十八世紀における扇子のコードに基づいて、なんらかのシグナルを友人や恋人に送るためにも使われていたのかもしれない。とはいえ根本的には、扇子は手で持って操作するものであり、社会的な関係に介入するものでもあった。

　傘に関しても同じことがいえる。傘は、雨が降ったときに必要とされるが、雨が降らなかったときも同様に必要とされていた。伝統的な傘は、広げて使われることは少なく、むしろ十九世紀後半から二十世紀初頭には、手を使わせるための技術の一部として機能していた。ネヴィル・チェンバレンは、一九三八年九月にヒトラーとの平和協定を試みるために、飛行機でミュンヘンまで飛び、その後鉄道でベルヒテスガーデンに向かった。その際、彼はきれいに巻いて閉じられた傘をつねに持ち歩いていたが、どこへ行っても送迎がついていたため、実際にその傘を使う必要がないことは明らかだった。

手に関する言説を時代ごとに辿っていくと、緩やかではあるものの重大な変化が生じたことがわかる。十八世紀から十九世紀初頭にかけての多くの情報源をあたると、手を忙しくしておくことは不可欠なものと考えられていたことがわかるが、それは危険や罪、怠惰を避けるためであった。一七一五年に書かれた、アイザック・ウォッツの有名な詩では、次のように書かれている。

日々のさまざまな労働のなかで
私もまた忙しくあることを望む
悪魔はいつでも手をぶらぶらさせた者のために
良からぬ仕事を見つけ出してくるのだから[*1]

ここでは怠惰そのものが、怠惰を悪に結びつける信仰文学と一体となりながら、新たな概念として生み出されている。ある著者〔＝ジェレミー・テイラー〕が述べているように、「魂に仕事が与えられず、身体が休息している空虚な状態」にあっては、煩悩が現れる。このような結びつきは、人々が労働や職業のことで頭がいっぱいになっていた時代にあっては当然のことだろう。いわゆるプロテスタントの労働倫理は、時間のかかる安定的な労働を重んじていた。そのため、労働を逃れようとする者には、身元確認や公権剥奪が課された。害をなす者は、名づけられねばならなかったのである。

　歴史家たちがいうように、一八三〇年代と四〇年代の工場法がより規則的な労働時間の確立にそれなりに寄与し、労働時間と余暇時間の区別にも大きく影響を与えた。かつてエリートの特権であった余暇は、今日ではより一般的なものとなった。そして自己啓発から放蕩まで幅広い射程を含む、快適でもあり危

＊1　イギリスの牧師・賛美歌作家、アイザック・ウォッツ（Isaac Watts（1674–1748））による詩『Against Idleness and Mischief』より。

険でもあるようになった。この時期に、「手」という表現が〔「働き手」のように〕新たに労働者を示すものになったことは重要なことと思われる。仕事中は手を忙しくしていなければならないという理由から、今度は、労働者自身が手になったわけである。労働者にとって、それ以外のものになることは潜在的な危険を孕むものであった。

　しかし、十九世紀後半から二十世紀には、危険を回避するためというよりも、むしろ自身の健康を追求するために手が占有されるようになる。クリミア戦争や第一次世界大戦から帰還した兵士たちは、編み物や刺繍をすることを奨励された。ある一定の反復的な活動に神経を落ち着かせる効果があるという考え方にもとづいてなされた処置であった。サミュエル・ジョンソンが雑誌「ランブラー」のなかで、「縫い針が重なって失敗した結び目」を見るのが好きだと書くことができたのは、そうした作業が「孤独の時間から怠惰をなくすことが、魂のもっとも危険な誘惑を防衛する術を提供してくれるから」であった。また、雑誌「ドーカス・マガジン」の一八八八年版には、「静謐でむらのない規則的な縫い針の動きは、神経を鎮め、精神を安定させ、思考を自由にさせる」という記述がある。

この事実は、すぐさま多くの作業療法に組み込まれた。リズミカルかつ単調な活動が、リハビリテーションやリカバリーの方法として奨励されたのである。手作業がもつ、時間がかかるという側面だけでなく、制作された物がもつ感情的・精神的な意義にも徐々に重点が置かれるようになった。工場労働が「多くの人がすこぶる退屈な繰り返し作業に従事しているもの」として描かれることを考えれば、作業療法が普及した時期と、工場作業のイメージが普及した時期とが一致しているのは興味深い。あたかも、今では非人間化された仕事こそがポジティブで、さらには本質的に治療的ですらあるものとみなされるようになったかのようである。

授業中に何らかの中断があったときに、生徒たちは編み物をするように奨励されることがあった。また、二十世紀初頭の医師たちは、スチール製の縫い針のカチカチという音を自慢げに聞かせて、その催眠効果によって患者の神経を落ち着かせたりしていた。編み物は、「人を静穏化させ」、「神経を落ち着かせる」ものだったのである。一九一八年にある編み物好きの少年が書いているように、「以前なら男の子たちは、座りながらインク壺をいじったり、鉛筆を叩いたり、定規をいじったり、誰かが暗唱しているときに美術で使う練り消しゴムの欠片をあなたに向けて弾き飛ばしたりしていた。しかし、ここでは編み物で忙しく、そわそわしたり、不作法に振る舞うようなことはない」のだ。編み物はそれぞれの文化で異なった意味合いを帯びるようになったが、編み物をする人々にとっても同様に、あらゆる個人的な意味や意義を帯びるようになった。編み物は、ある時期にはジェンダーの差異を構成するために用いられたが、会話と沈黙、産業、貧困、戦争、リサイクル、そして慈善活動にも結びつけられた。

　編み物の実践についての記述を見ると、編み物と会話、編み物と観察、編み物とリスニング、といったように、編み物は他の活動とひと続きのものとして結びつけられていることがあまりに多い。まるで会話や観察、リスニングの最中には、どうにかして手を忙しくしておかなければならないとでもいうかのように。今日でも、社交的な場に招待された人が、会場に編み物を持ち込むことがある。十九世紀の文献の多くが示すように、それこそが社交場への参加条件とされていた場合も少なくなかったようだ。映画『アイドル・ハンズ』の主人公もまた、手を忙しくしておくようにと助言を受けた後、麻薬常習者の友人たちを両脇にする形でソファーに腰掛け、その手できっちりと編み物をしている。

「危険だから」ではなく「健康のために」と強調する点をずらしたとはいえ、依然として編み物は、手を使わせるための技術としての地位を守っている。従って、編み物には防衛という価値があるといえるだろう。たしかに編むということは、つくること、創造すること、共有すること、参加することであるが、同時に、近づかせないこと、妨害すること、阻止することであり、そしておそらくより根本的には、縛りつけることでもある。生涯を編み物にささげてきたある人は、「母は、私が指を口に入れないように、なにか代わりになるものを見つけようと、編み物屋に連れて行ってくれました」と語った。すでに周知のように、このような実践は、手を食べ物から遠ざけたり、煙草を吸わないようにしたりするために利用できる。別のいい方をするならば、このような実践が存在しているのは、手が身体に回帰するのを阻止するためなのである。

5 鎮める手――感覚を取り除くための刺激

この本を準備しているときに、友人や知人たちが、私に「何に取り組んでいるの？」と尋ねてきたことがあった。手についてのささやかなエッセイを書いているという私の返事は、ほとんど同様の反応を生み出した。「ええ？　自慰に関する本なの!?」という反応だ。この〔手と自慰の〕関連性はとても強固であるため、この自慰というテーマに少なくともひとつの章をあてなければ変ではないかと思えるほどだった。もっとも、私自身としては、ブルーノ・ベッテルハイムについてのよく知られている小噺を引用するだけでよいと思っていたのだが。その小噺とは、次のようなものだ。混雑したホールでの講義中、ベッテルハイムは一人の女子生徒が編み物をしていることに気づき、彼女の手作業が自慰の代わりの役目を果たしているのだとクラスの生徒に説明した。すると彼女は、「ベッテルハイム先生？　私は、編み物をしているときには編み物をしているのであって、自慰をしているときに自慰をしているのです」と答えたというのである。

過去の数世紀にわたって、手をぶらぶらさせないようにと、おびただしい数の警告がなされたが、たしかにこれを自慰に対する禁止だと解釈することもできるだろう。警告と禁止の関連が明らかな場合もある。たとえば、男子生徒にポケットに手を入れることを禁止するのは、性器を刺激しないようにするためである。歴史家のトーマス・ラカーを信じるなら、自慰が重大事項——すなわち、死や病気や失明につながる可能性のある罪——とみなされるようになったのは、たかだか十八世紀初頭からのことにすぎない。それ以前には、自慰が有害だとみなされることは時々はあったとはいえ、後の時代のように、大衆がそういった考えに道徳的な賛同を示すことはなかったのである。

精神分析が小児科学に影響を与えていたのは二十世紀初頭のことであり、今では自慰はこういった意味合いをほとんど失ってしまったようだ。しかし、一九四〇～五〇年代においても、子どもの手が身体に触れないようにするために、手を紐で縛ったり、アルミ製のミトンをかぶせることがあった。こういった行為の暴力性は、ソルジェニーツィンの『煉獄のなかで』にはっきりと描かれている。彼はその小説のなかで、収容所の囚人が手を体から離して寝るのを余儀なくされたときのことを説明している——「それは悪魔的な規則だった。眠っているあいだ、人は手を〔毛布のなかに〕隠し、身体に当てておくものだ。それは、自然な、そして〔身体に〕深く根づいたものではあるが、あまり気づかれてはいない人間の習慣である」。

ここで、自慰がとりうるさまざまな形式を区別することが重要だろう。性器を刺激し始める以前にも、さまざまな身体部位を触るという行動が起こるが、そういった行動には〔性器を使った自慰とは〕根本的に異なった位置付けを与えられることがある。性器を使った自慰には、しばしば無価値感や絶望感が伴うが、皮膚をほんの少しつまんだり、毛を抜いたりしても、そういった感情が生じることはない。その上、先進国では二十四時間年中無休でオムツをはかされるこの時代、自分の手を実際に性器に当てることのできる赤ん坊がどれだけいるだろうか？　性的な器官の発見や、その器官を使ってできることの発見は、ずっと後になってオムツが取れてからのことであるだろう。そして、それが発見されたとき、ほとんどすべての子どもがその衝撃的な啓示に夢中になるのである。

自慰は、快感へと向かう方法だと誤解されている。性器が興奮するのは心地よい感覚を生み出すためだ、という話は本当らしく思える。しかし、実際にはまったく異なることが見出される場合も数多い。ある女性は、小さいころズボンを引っ張って自分の陰唇に当たるようにしており、母親にその行為を注意されたことがあった。数年後、その女性は、その行為が「感覚を生み出すためではなく、感覚を取り除くためになされていた」ことを説明した。性器を使った自慰によって生じる短い喜びの感覚は、他のもっと強力で圧倒的な形をとる身体の高揚や不安に対するバリアとして機能することがあるのだ。総じて、人は性的興奮を感じたときではなく、不安を感じたときに自慰をする傾向がある。ちょうど、喪失や痛みを経験した後に、人が目を覚ますのと同じことである。

一九三〇年代のイェール大学の研究者は、幼児に対する授乳を研究をしていた。初期の研究では、授乳の過程で男の子の赤ん坊がしばしば勃起するということが驚きをもって受け止められた。しかし、さらに驚いたことに、幼児が満腹を感じたときや乳首で遊んでいるときのような喜びを感じている状態では、勃起は決して起こらないことがわかった。ペニスが充血するようになったのは、食事を与えられるのが遅れたり、ちゃんと与えられなかったり、中断されたりしたときだけであった。性的興奮という身体的兆候は、満足感や充実感を感じているときよりも、フラストレーションのある状況において現れていたのである。

現代世界において、インターネットのもっとも一般的な使い道がポルノを見るためであることはよく知られている。しかし、ポルノの魔力に先行しているものを、決して見逃してはならない。分析にあたって、患者がポルノを閲覧する理由を――とくに、まさにポルノを閲覧しようとするその瞬間における理由を――調べてみると、きまって気分が落ち込み始めるときだとか、会社のなかで対立が存在するときであるとか、意識せずとも実際には悲しみが存在しているときであることがわかる。ポルノの閲覧を可能にするものがインターネットであるということも、決して偶然ではない。というのも、インターネットはまさに不安があふれ出てくる原因である場合が多いからである。インターネットのなかで、人は絶え間なく電子メールの集中砲火を受けており、つねに他の人々からの要求に開かれた状態にある。その際に、ポルノは分離の機能を果たすことができる。つまり、ポルノはウェブの使用がもたらす侵入感と圧力を和らげるひとつの方法なのである。

この意味において、自慰はひとつの逃げ道であり、脱出のためのメカニズムである。自慰がもつ鎮痛剤としての性質は、身体的・精神的な不安のあらゆる形態に対抗するために用いられているのである。セクシュアリティの経験が手に負えないものであることや、圧倒的なものであることが判明したとき、その経験を局在化させて封じ込めようとする方法として、人は性器を刺激するようになる。数年前、精神分析家のカリン・ステファンは、セクシュアリティと対等に戦える力はセクシュアリティそのものにしかないと指摘したが、その際に彼女が示唆していたのは、禁欲の技術そのものがそれ自体において性的なものとなりうるということだった。もっとも、禁欲しないことも、同様の機能をもつことがありうるのだが。ある別の患者がいったように、人は「性的感情を取り除くために自慰行為をする」ことがあるのだ。

乳児期に、体の一部をつねに手で触れたり、引っ掻いたり、こすったりしていた場合、性器への移行がスムーズにいかないことがある。性器への移行は、単に生殖器を〔快感を得るための〕新たな場所として発見することと同じではない。その移行にあたっては、生殖器がどのように機能するのかが発見されなければならないのである。射精、分泌物、オルガスムは驚くほどトラウマ的な出来事であり、私たちの文化の装置全体は、それらの出来事を上手に組み立てコード化するために存在している。

数年前、主に精神分析家で構成されるオンラインのディスカッショングループが、幼児期の性的興奮の経験を正常化するためのもっとも良い方法について議論した。たとえば、「自宅に帰ったときに子どもが自慰をしている場面に出くわしたときに、どのような声掛けをすれば、トラウマ的な効果を生じさせないですむだろうか？」とか、「子どもが自分のやっている行為について嫌な気分を感じないですむようにする方法があるだろうか？」ということについて議論がなされた。〔子どもたちに対して〕「自慰はきわめて正常なことであり、誰もがやっていることだ」というべきだ、というアドバイスが何度もなされたが、それはポイントを外している。つまり、結局のところ問題は、子どもが自慰をしていることではなく、親が子どもの自慰を見つけた、という点にあるからである。このような間主観的な次元のことについて考えさせるために、作家のハニフ・クレイシは、実際は次のように質問すべきだと述べた――「自宅に戻ってきた子どもが、あなたが自慰をしているのを見つけたとする。そのとき、自分自身になるべくトラウマを与えないようにするために、あなたは何というべきなのか？」、と。

もちろん、性の目覚めがもつ効果は、まさにその目覚めそれ自体がトラウマ的であるという性質にある。そうではないと主張することは非現実的ですらある。身体のなかで起こる新たな感覚と怒張に対して、子どもは何の用心もしていない。そして、それぞれの子どもは、これらの経験を処理して、意味づけるための方法を見つけなければならなくなる。そのために、一部の子どもは性器から遠ざかるようになり、性器以外の身体部分に突如として興味関心を向けることもある。

多くの少年たちが、ある日「手が大きくなる」ことに気づいて目が覚めるかもしれない、という不思議な考えをもっている。この漫画のような考えが意味するところは明白であるし、そこには揺るぎない特定の歴史的血統も存在する。それは、テレンティウスの戯曲の中世版に登場する、大きな手をもつ俳優に始まり、レオナルド・ダ・ヴィンチの白貂を抱いた女性の絵や、自身のその芸術的な手を拡大してみせているパルミジャニーノの自画像にまでいたる、由緒正しい考えなのであるが、これらの事例においては、「夜のあいだに大きくなる」身体部分が陰茎から手へと移動することによって、トラウマが和らげられているのである。

しかし手は、生殖器から手への移行に直結する不透明さやショックを保ったままのこともありうる。映画『狼男アメリカン』の主人公は、もっとも有名な変身シーンのひとつで、目の前で自分の手が伸びるのを見て悲鳴をあげる。スパイダーマンの物語では、思春期の少年ピーター・パーカーが、べたべたした物質が出てくる手を、戸惑いと恐れの両方の感情をもって見つめる。こういった物語は、身体の変化、そしてティーンエイジャーがその変化にどのように対応できるのかというテーマを扱っている。同様に、多くのスーパーヒーローの物語は、たいてい「力」と呼ばれる身体の新しい感覚を処理するという問題を中心にして展開している。

男の子が「手が大きくなって目が覚めること」を夢想するとすれば、反対に、女の子は「(手が大きくなるのではなく)片手で持ち運ばれること」を想像することがある。空想やカルチャーにおいて、そのイメージはそれなりの頻度で繰り返されている。キングコングの手のひらにフェイ・レイやナオミ・ワッツが置かれ、安全な状態で守られている姿を考えてみればよい。大きな手は、彼女たちを囚われの身にすると同時に、危険から守ってくれもする。これは、女性の空想世界の他領域にも重複して見出される。ここに見られるモティーフは、「野獣を飼いならすことができる女性」という古典的な姿につながっている。つまり、他の人々はみなその野獣を殺したり捕まえたりしたいと思っているのだが、彼女だけは「その野獣は実は優しい心をもっており、脅威となるのは挑発されたときだけ」だということを知っているのである。

　女性とモンスターのあいだで共有されるこの暗黙知は、オイディプス的な愛として理解することができる。すなわち、娘は父親のことを完全に理解している唯一の人物であり、父親は見かけ上は強い男のように見えているが、実は彼には弱さや欠如しかないということを娘はよくわかっている、というわけだ。しかし、また別のレベルでは、おそらくはこの生物の巨大さは、父親のセクシュアリティではなく、彼女自身のセクシュアリティが受肉化したものであるともいえる。たしかに、男の子も自分の体の物理的な変化に不安を感じる。しかし、欲望を経験することの恐怖は、女の子のほうがずっと頻繁に感じていることだろう。女の子は、自分自身の官能的な感覚に恐怖を感じることがあるからである。キングコングの手が非常に「大きな」ものとして表象されるのは、まさにこのような目覚めのイメージがあらかじめ覚悟していた量を超えたものだからである。

一部の子どもたちは、新しい活動の拠点となるプライベートなスペースが構築されるようになると、別のものに関心を移行させることが少なくなり、性器への直接的な関わりを増加させる。そうすることによって、家族からの明確な分離が可能になる。子どもは、より多くの時間を自分のために費やし、家庭のなかに新しいプライバシーの基準を確立することもある。自室のドアに鍵をかけ、「立入禁止」の札を貼り、自分だけの時間を確保しようとすることもある。

自慰行為の歴史を研究したトーマス・ラカーは、いったいなぜ自慰が十八世紀にこれほどまでに危険なものとされるようになったのかという問題に直面し、逡巡している。彼は、黙読を可能にするためにつくられた新たなプライベート空間〔としての個室〕と、身体の刺激によってもたらされた脅威とが相関関係にあることに気づいている。この時代の自慰行為についてかかれた印刷物や絵画には、不気味なほど頻繁に、印刷物が登場したり、人物の手や傍らに本があったりする。このように、プライベート空間の誕生と、自慰という「危険」は、ある特定の歴史的なルーツを共有しているかもしれないのである。

この考えは、幼児期の自慰行為についての研究においてなされた観察にも反映されている。エリノア・ガレンソン、ハーマン・ロイフ、ルネ・スピッツといった研究者は、自慰行為は母親との一体化行動と相関していると予想していたのだが、実際にはその反対であることを見出した。つまり、子どもは、ひとたび性器を使った自慰をするようになると、〔母親への〕依存状態から上手に抜け出せるようになったのである。自慰と自主性は、対立しているというよりも、むしろ連動していたのだ。子どもは、〔親に〕楽しませてもらうよりも〔自分で〕楽しむようになることで、親の喜びの対象であることに代わるものを見出していたのである。

それと同時に、身体の感覚を処理するための方法として、新たな創造的能力が出現することもある。秘密の空間や巣穴や大人には立入禁止の場所をつくること、あるいは、さまざまなゲームに秘密の宝物を突然発見するといったモティーフが含まれていることを思い浮かべてもよいだろう。眠れる森の美女が、お城の奥深くに隠された奇妙な小さい部屋を見つけるのは十六歳の誕生日前夜のことである。この話を読んで、これは彼女自身の秘密の部屋のことであり、糸車の針に触れたときに流れる血は彼女自身の処女膜や月経血のことを指し示しているのだと解釈しなければ、あまりにも上品ぶっているというものだ。

多くのおとぎ話において入り口となる穴が重要なものとなっているが、その入り口は、「そんなものがあるとはまったく思われていない場所に現れる」という特徴をもつ。アラジンの洞窟への入り口はどこからともなく現れるし、アリババの話に登場する、洞穴へとアクセスできるスライド式の岩は、「開け、ゴマ！」という呪文が繰り返されるまで見つからない。最近では、映画『ホビット』にもそのようなモティーフがみられる。崖の表面を精査していたビルボと彼の友人たちは、何日かかっても何も見つけられなかったのだが、光の加減によってドアの輪郭を発見できるようになる。そのドアの向こう側には、彼らが夢見た黄金があるのだ。

ほかにも、隠された宝の山を探すという男の子らしい探索行為がある。その場合、多くの大人も同様に金属探知機をもってその宝を探しているのだが、このような探求は、嫉妬深い父によって守られている母性的な黄金を思わせるだけでなく、はじめての射精にともなって生じる突然の「黄金」の噴出をも思わせる。宝が隠されている場所は、まさに「灯台下暗し」であるというわけなのだ！ 映画『マトリックス』や『ターミネーター』のシリーズのような多くのアクション映画で、ヒーローが何らかの秘境的な場所で自動小銃の隠し場所を見つけるシーンでは、映画館でティーンエイジャーと大人がともに声をあげて大喜びするものだ。

セルマ・フライバーグが指摘したように、宝の山が「偶然」発見されるのは、一般的に最初のオーガズムにおいて起こることと同じである。それはただ起こるのだが、その偶然的な、偶発的な性質は多くの童話にもみられる。アラジンがランプをこすると、精霊が魔法のように現れ、彼の願いをすべて叶えてくれる。この場合には「ランプをこすった」という偶然の行為が大きな効果をもたらしているのだが、その際の精霊の描かれ方が、きまって小さなランプからむくむくと怒張するものであることは注目に値する。

これらの物語に登場する秘密のドア、秘密の部屋、秘密の洞窟は、身体を模した地図なのであり、子どもの探検と発見を図式化しているのだ。彼らが解き放つ魔法は危険なまでに素晴らしいものであり、ヒーローやヒロインはしばしば享楽《エンジョイメント》のための代価を払わなければならなくなる。フライバーグは、古い民話やおとぎ話では、こういった魔法が手を使って解き放たれるのに対し、後の時代の物語では、解読するという行為を通して解き放たれると述べている。後者の場合、『宝島』のように地図を解釈するか、『ナショナル・トレジャー』のようにコードを解釈する必要があるのだ。どちらの映画の場合も、ひとたびテキストの暗号が解読されると、何かの隠し場所が明らかになる。タンタンの物語はそのような装置で充満しており、そこには解読されるためのコードや地図がつねに存在している。

しかし、なぜ解読というモティーフが出てくるのだろうか？　賞金を手に入れるためにコードを解く必要があるのはなぜなのだろうか？　それは本当に身体の経験と共鳴しているのだろうか？　この問いに答えるにあたって、オイディプスの物語を思い出すことができるだろう。彼が母親と結婚する前に、スフィンクスの謎に答えなければならなかったように、報酬のように見えているものの前には謎が存在しているのだ。

　こういった地図やコードや謎をどのように理解するか。その方法のひとつは、それを単に「ある何かが理解されなければいけない」というサインとして理解することである。トラウマ的なセクシュアリティとの関係においては、私たちは〔それを〕適切に象徴できる道具をもたない。そのため、いくつかのコードを解読し、私たちが行き詰まりに直面している場所に何らかの意味を見出さなければならなくなる。ここには、身体感覚は存在しているが、意味は欠如している。暗号や暗号化といった事柄を通じて、私たちは象徴化という問題それ自体を象徴化しているのである。

　幸いにも、これらの物語の多くには、主人公やヒロインを助けてくれる人物がいる。彼らの探検やミッションは困難なものであるかもしれないが、彼らは手を差しのべてくれる人物にもしばしば出会うのである。そのような人物はたいてい老人で、彼らに何らかの魔法の何かを手渡してくれる。ここでは、ヘスペリデスからバッグと剣と魔法のマントを受け取ったペルセウスや、さらに最近では、ジェームズ・ボンドの映画で００７に新しいライフセービング機器を提供するために登場するＱが思い浮かぶだろう。

　古代のおとぎ話と現代のおとぎ話という二つの異なる系譜が、ここで融合する。まず第一に、身体とその謎という問題がある。第二に、家族内のオイディプス的な関係がある。これらの物語における地図と魔法が身体に関するものである場合、ギフトを与える、競い合う、相手の裏をかくというダイナミクスは、家族内のドラマと欲望の乱流とを中心として展開する。Ｑのような援助者は仲介を担う外部の能動性《エージェント》の主体である。しかしペルセウスの場合のように、この種の物語では力づくで、あるいは策略によって武器や機器を奪い取られてしまうということにも注意しておかねばならない。

　子どもは、母親を満足させられるように、そして将来のために武装できるように、父親が所有する何かを奪う。そして、フライバーグが考えたように、これらの物語にはつねに男の子よりも大きな力をもつ誰かがいる。子どもがもつ武器は、ジェームズ・ボンドの場合のように誰かから授けられたものであるか、ペルセウスのように強制されたものであるか、という違いはあれども、そこにはつねに力の移転ないし引き渡しが行われている。アラジンとアリババは、他の誰かの秘密を盗んで、その者がもつ富にアクセスする。そして、アラジンがいっているように、これらの富には、母親を幸せにするというただひとつの目的しかないのである。

マーガレット・シュラウチやマリナ・ワーナーのような研究者は、これらの物語がどのように修正や書き直しを経てきたのかをたどり、元々そこには近親相姦のモティーフが存在し、それが修正や書き直しのなかで抑圧されてきたことを明らかにした。たとえば、シンデレラの物語は長い物語の伝統に属するものである。その伝統においては、父親が（死の床にある）配偶者から、自分と同じように魅力的な女性と再婚することを求められる。彼は、ある時点でその女性というのが自分の娘であることを理解し、娘と結婚すると主張するようになる。そして、この近親相姦的なカップル形成が回避されるためには、娘が自分の手を切り落とし、その手を父親に送らなければならないのである。

これらの物語では、「王は、女王と同じくらい魅力的な女性と結婚する」という要件が、「将来の妻は女王がつけていた指輪や服がフィットする人物でなくてはならない」という要求の形でもって表現される。王は、娘がある程度の年齢になるまでにそのような人物を見つけることができず、次第にその愛は侵犯としての契機を孕みはじめる。そして、娘はこの指令——この指令は母親によるものであり、父親によるものではないことに注意する必要がある——を拒否し、自分の手を犠牲にするのである。

イタリアの物語『ラ・マドレ・オリバ』では、死にゆく女王が、自分が行っていた施しの仕事を続けるようにと、娘に熱心に勧める。ある日、王は娘を見て、「我が娘よ、愛している」と宣言した。「誰を愛していらっしゃるの？」と問う娘に対して、王は「あなたの美しい手を」と答えた。娘はすぐに自分の手を切り落とし、金の容器に入れて王に送りつけた。また、中世のロマンスである『エル・ヴィクトリアル』では、死んだ母のことを父〔夫〕と娘が一緒に嘆き悲しむなか、父は娘に、彼女が母親〔妻〕に似ていることを告げた上で、「もし君が自分の隣にいてくれなかったら、自分は死んでしまうだろう」という。その後、父の愛はより切迫したものになり、彼は娘と結婚したいと考えるようになる。そして彼が娘の手にキスをすると、彼女は信頼できる使用人に自分の手を切り落とすよう命じる。ドイツ文学の『ヘルピン公爵』では、自分の手を切り落とした後に、娘が「私の母には手足がすべてありましたが、私には何もありません」と語る場面がある。

この〔手の切断という〕モティーフは、さまざまな仕方で理解されている。たとえば、娘が自分を母と似ても似つかない存在にして、もうこれ以上〔母からの〕指令に従属しないですむようにするための切断であるとか、あるいはより単純に、娘が自分を結婚に向かない存在にするためである、といった具合に理解されている。ハーマイオニー・トンプソンは、手の切断はまさに能動性の次元を拒絶することであると示唆している。つまり、手が能動性の機能を具現化しているとすれば、手を断ち切ることは、彼女が両親の命令の牢獄のなかでどれだけ能動性としての機能を失ったのかを示すものだ、というのである。多くの物語のなかで、父親が娘の手の美しさを強調していることを考慮に入れるなら、娘の行為を父の欲望に対するある種の精神分析的な解釈として読むことができる。「それほどこれ〔＝手〕を愛しているのなら、ほら、これをお取りなさい」というわけである。それはまるで、父の欲望が娘の人格にではなく、単に娘の身体の一部分にだけ向いていることを彼に見せつけているかのようである。

　結局のところ、娘は、母親がいなくなることによってぽっかりと空いたままの空白地帯のなかに位置づけられているのであり、この〔手の切断という〕行為は、父は「彼女のなかにある、彼女以上のもの」である何かを愛しているのだ、というメッセージを送り返しているのである。母が重要であるということは、シンデレラの物語の最近のバージョンにも見出される特徴である。最新のディズニー映画では、死の床にある母親が若い少女であるシンデレラに向かって子守唄を歌う。映画の終わりでは、王子は靴がフィットする足をもつ少女を探そうとするが、その靴を試着した少女たちがみな「あの少女」ではなかったために、あらゆる希望が失われてしまう。しかしそのとき、塔の方から歌声が聞こえてくる。それはもちろんシンデレラの声だ。彼女が歌っている子守唄は、彼女とその亡くなった母のあいだの聴覚的なつながりとして機能していた歌なのである。

　こういった細部の設定は、シンデレラと王子との愛が、彼女とめかしこんだ父親との愛ではなく、彼女と母との愛の上に築かれたものであることを示している。同様に、ディズニーによる『眠れる森の美女』のリメイクである映画『マレフィセント』も、シンデレラに引けをとらず変化した例である。問題を抱えた魔女が幼年期の少女オーロラに介入し、彼女は長い眠りについてしまうが、彼女を目覚めさせるのは王子のキスではなく、マレフィセントのキスである。どちらのバージョンでも、母親に重要性が割り当てなおされているのである。

　シンデレラの物語に登場する靴は、彼女の性器を表していると解釈されてきた。そのため、王子が女性を見つけ出すという設定から、明らかな事柄を描いたポルノ映画がさまざまにつくられてきたようである。しかし、ここで私たちが見出すのは、元々の物語の痕跡を残した次のような新しい解釈である——それは、シンデレラが舞踏会に残していった靴は、娘が父親のために残していった手の代理物だという解釈だ。つまりこの物語は、新たに語りなおされることによって、父親との結婚を拒否することが〔王子との〕結婚の条件そのものに変わり、元々あった近親相姦のモティーフを失ったのである。

　この意味において、脱ぎ捨てられた靴は、おとぎ話の登場人物が敵から逃れるために背後に落とす物と同じものである。櫛であろうとブレスレットであろうと歯であろうと、それらの物は追跡者をそのかしたり誘惑したりするためではなく、追跡者の速度を落とすために投げられる。そうすることによって、ヒロインは逃げるための貴重な追加時間を得ているのである。

　奇妙なことに、シンデレラの靴は、子どもたちが遊ぶゲームの原理でもある。このゲームでは、物を意図的になくしておいて後から見つけたり、物を外しておいて後から取り付けなおしたりする。縄跳びや、さらには先に述べた「フォルト／ダー」遊びのことを考えてもよいだろう。いずれも、何かが身体を離れたかと思うと、身体に戻ってくるゲームである。もちろん、手が切断される話では、一度身体から離れた手は身体に戻ってこないことが多いのではあるが。しかし、父が死んだ母を愛していたという最初の状況を考えるならば、娘が父に送った手は、ある意味では母親の手なのではないかと想像することができるだろう。

私たちは、自身の身体がどのように他者の身体によって植民地化されるのかをみてきた。子どもたちは〔他者によって〕揺さぶられると自分自身で揺れるようになり、〔他者によって〕なでられると自分自身をなでるようになる。自体性愛的な行為は、いっけん自己陶酔的な快楽のように見えるかもしれない。しかし、それは自分の身体がまるで他人の所有する身体であるかのように扱われることでもあり、残酷さや復讐の実践と等しくなる可能性をもったものなのである。

エリノア・ガレンソンが描写した生後八カ月の少女は、ささいな欲求不満があった際に、あるいは明らかな理由もなく、母親の手や体を激しく噛んでいた。そこで母親は、娘の手を取って娘の口に入れる、という行動に出た。あたかも「私を噛まずに、あなた自身を噛むように」、「あなたが私を噛むと、私は怒り狂ってあなたを噛んでしまうかもしれない」ということを意味するかのように。すると、三週間も経たないうちに噛みつきはおさまった。娘は、怒ったときには自分の手を噛み、しばらくすると自分の髪を引っぱるようになったのである。

このような場合、自慰が復讐の手段となっていることがある。ある女性患者は、自分で自分に触れるときに、どれほど母親への憎しみに意識を集中させているのかを話してくれた。別の男性は、自慰をした後の気持ちを次のように述べている――「誰かを殺したような感じだ」。これは、自慰の後にしばしば訪れる自己非難に光を当てるものかもしれない。別の患者は「私はただ死ぬべきなのだ」と繰り返していたが、その人はもっとも強烈な無価値感、不名誉、破滅を経験していたのかもしれない。

フロイトは、肉体的な〔快の〕追求としての自慰と、それに付随するものであり、しばしばそれを可能にするものとしての空想とが異なるものであることを強調した。彼は、〔自慰に〕引き続いて起こることがある罪悪感や無価値感は、空想や、空想に隠された近親相姦的な内容に関連していると主張した。私の患者の一人の男性は、〔英国の国旗である〕ユニオン・ジャックの旗のイメージを思い浮かべることによって射精への到達を引き伸ばしていたのだが、事が終わった後で、絶望と落胆を感じていた。この独特の自慰のやり方について追及していくと、次のことが明らかになった。この男性は、彼の母親が自分のセックスについて説明しているのを立ち聞きしたことがある。その際に、彼の母親は

「そうね、〔セックスのときには〕横になってくつろいだ状態で、イングランドのことでも考えてればいいのよ」といっていたらしく、その場面と彼の自慰のやり方が関連していることは明らかであった。

親と性的活動のあいだの意識的なつながりの一切を避けるためには、強力な検閲が必要であり、この検閲は空想された性的なシナリオに登場する人物の姿をまったく見えなくさせてしまうことがある。実際、その患者にとって、血の通った身体のイメージはすべて、英国の国旗によって置き換えられてしまっていた。またフロイトは、女の子は彼女の性器に触れる父性的な人物の姿を思い浮かべる代わりに、手のイメージでしかないものを思い浮かべることがあると述べている。

マイケル・バリントは、見知らぬ人物の手というイメージを思い浮かべて自慰をする女性患者のケースについて論じている。彼女自身はその自慰のシナリオでは何もしておらず、まったくの受け身のままであった。まるで、彼女の〔自慰の〕秘密がバラされたくないのなら、そのように受け身のままでいなければならない、とでもいうかのように。人々は自慰をやめる日を設定するとき、

「新しい時代が始まる」という考えをもつけれども、結局のところその決意された始まりは延期されることになる。それがどれほど一般的であるかをバリントは指摘している。バリントのもう一人の患者は、私的な象形文字で日記をつくっていたが、そこには性交や自慰や夢精の記号が含まれていた。今日の伝記作家もそのような独特の語彙をずっと探しつづけているのだ、と付け加えてもよいだろう。

「気持ちを入れ替える」という考えはすべて、自慰を乗り越えようとするこの闘争に起源があるのかもしれない。バリントは、自慰の行為それ自体を遠ざけておくための数々の実践を蒐集している。最初は手を押さえつけたり、脚をそわそわさせたり、うつぶせになったり、太ももを押さえたり、しゃがんだり、脚を組んだりする、といったことがなされる。ポケットのなかで鍵や硬貨をジャラジャラさせたり、鉛筆を噛んだり、爪を噛んだり、鼻をつまんだり、唇や口をさまざまに操ったりすることも行われるという。

このような活動は、場合によっては性器を使った自慰をやめることを可能にしてくれるかもしれないが、バリントがそれらを〔自慰と〕一緒くたにしてしまったことは早計であった。それらの行為に対して後に付加された意味は、最初は存在していなかったものかもしれないからだ。たとえば、子どもの頃には鼻をほじっても罰を受けないが、性器を使った自慰を始めた後に、鼻をほじっているところを発見されると、ひどい羞恥心を抱くことになる。行われる行為としては同じなのだが、その行為に新たな意味が追加されているからである。

手についてのあらゆる議論は、自慰から学ぶことができる要素を考慮に入れる必要がある。なぜなら、自慰は人間の触覚についてなされてきた重大な主張の多くに、疑義を投げかけるものだからである。しばしば哲学者は手に「神聖」といってもいいほどのステータスを与え、その価値を高めてきたが、それは手が反省的な能力をもっていると考えられていたためである。つまり、私たちが何かに触れるときには、物体の感覚が生じると同時に、手それ自体の感覚が生じるということである。手のなかに感覚受容体が非常に集中していることも、このような手に対する評価を高めている。自分が何かを感じているということそれ自体を感じる、という現象が生じているとき、私たちは明らかに新しい意識の層に入っており、その現象はとりわけ手が手に触れるときに生じる。
しかし、自分の手が性器を感じていることを感じることができる人がどれくらいいるだろうか？　実際、ある研究では、自慰における「手の感覚消失」や、手が「手で触れている」感覚を消去してしまう傾向について論じられている。ここで私たちが発見するのは、人間の感覚経験の範例として考えられるものである。「消去」という用語は、今日の神経科学においては、主に脳損傷後の感覚喪失を指すために用いられているが、一九四〇年代や五〇年代の研究者たちは、感覚喪失が、神経学的損傷を有する患者と有さない患者の両方に存在することを見出していた。

感覚について従来行われてきた研究のほとんどは、体の一部分に刺激を与え、その結果を記録することから始まっていた。ところが、モリス・ベンダーらは、刺激を二重ないし三重にし、一度に複数の場所に触れたり、刺したり、突いたりできるようにした。たとえば、ある刺激を顔に与え、別の刺激を手に与える、といった具合である。すると、同時になされた刺激は、互いをマスクして打ち消しあう働きがあることが明らかになった。そこで、太もも、鼻、顔、胸、ペニス、脚、臀部、耳への刺激を比較したところ、手は体のなかで反応がもっとも少ない部位であることをベンダーは発見した。大人の被験者の半数以上は、手に対する刺激をまったく記録することができなかった。子どもの場合は、刺激を与えていると告げられたときでさえ、さらに高い割合で手に対する刺激を記録することができなかった。結局、すべての領域のなかで、顔がもっとも支配的な領域であることが証明されたのである。

脳損傷患者群と対照群とを比較する実験の結果は、両方の群において消去が存在することを示していた。ベンダーはこれを、神経系についての通俗的な理論——神経系を、特定の中枢と、個別の経路によって結びつけられた接合部を寄せ集めたものと考える理論——を否定する結果だとみなした。彼の実験は、通俗的な理論とは反対に、信号が互いに絶え間なく影響し合い、感覚の知覚を抑制したり、否定したり、あるいは経路を変更したりするシステムが存在することを示唆していた。脳に損傷を受けた人においてのみ消去があると私たちは考えがちだが、実際には消去はすべての感覚過程に存在する。彼はそのように結論づけたのである。

この実験では、手はあまり良い結果を残していない。しかし、これらの研究において刺激によってもたらされた痛みのバランスは、マスターベーションの問題と手の〔感覚の〕消去という問題の両方を明らかにしてくれる。私の女性患者が指摘したように、彼女は感情を利用して感情を取り除いていた。スリは、まさにこのようなロジックで行われている——つまり、ターゲットの体の片側を押したり、何かをぶつけたりして刺激すると同時に、体の反対側を刺激して財布や貴重品を抜き取るのである。手は、その感じやすさを変化させることによって、感覚を他の場所に集中させたり、ときには感覚を手に集中させたりすることができるのだ。

映画『国際諜報局』で、スパイのハリー・パーマーが強制的な洗脳を受けるとき、彼は椅子に縛り付けられ、侵入的な音と映像の集中砲火を浴びせられる。彼の感覚野はそれらの音や映像に対してまったく無防備だったが、それは彼が手のなかに隠していた小さな釘を肉体に押しつけ始めるまでのことだった。彼の目はまだ見させられているものを見ているし、耳はまだ聞かせられているものを聞いているのだが、手に痛みを集中させることによって、彼はどこか別の場所にいることができた。彼を救ったのは、この同時刺激、つまりは自分で生み出した小さな痛みの点であったのだ。

子どもたちがしばしば「ひっかく《スクラッチ》」と「かゆい／うずうずする《イッチ》」という動詞を混同するさまにも、同じものが感じられないだろうか？　皮膚の受容体に関していえば、かゆみとひっかくことは、異なる経路によって生じるまったく別のものであり、ひっかくことがかゆみを軽減する生理学的な理由はない。しかし、だからといって人はひっかくことや、「ひっかく」ことを「かゆい」と表現することを決してやめたりしない。ここには、パーマーの戦略と同じ原理が働いているのではないだろうか？　彼にとって、釘でひっかくことで生じた痛みは、音や映像によって生じたものとは別の感覚野に位置するものであったが、この〔「ひっかく」と「かゆい」の〕例では両方の刺激が体表面の同じ部分に収斂《しゅうれん》している。一時的にではあるが、一方が他方を否定しているのである。

ひっかいた後には多少は楽になるかもしれないが、他の自己刺激と同じように、後悔や挫折感が出てくるかもしれない。ここでも手は、してはいけないことをしているのである。

6　暴れる手——暴力行為の効能

人間の手に関する膨大な文献において、手が道具を使うという点がつねに話題にのぼる。道具を使うということは、動物と私たち人間を差別化するだけでなく——動物は、道具を使うことはあっても、道具を保管したり、他者と共有したりすることはない——、道具を使う過程において、人間の脳を進化論的な成功へと向かわせた、としばしば指摘される。木にぶら下がるのをやめたとき、手は自由にものをつくることができるようになり、新たな種類の技巧を獲得できるようになったとダーウィンはいう。しかし、これらの変化を推進したのは脳ではなく、変化そのものであり、その変化が遡及的に脳に影響を与えたのである。スティーヴン・ジェイ・グールドの言葉を借りるなら、古生物学者たちは、頭蓋骨が以前より大きく、より優れたものとなったところに人間の進化の証拠を見出そうとしていたが、彼らは間違った場所を探していたということになる。彼らは手をよく見てみるべきだったのである。

新たに獲得された直立姿勢は、手を移動のための手段から解放し、物を操作することを可能にした。これが、それまでは不可能な操作だったことは明白であり、この変化はたしかに重要である。しかし、その重要性を認識するのみならず、議論にさらなる含みをもたせることもできるだろう。道具が、〔何らかの進化の力に駆動されて〕手を変化させることを可能にしたと考えるのではなく、むしろ、「道具の出現は、手をつねに忙しい状態に保ち、身体における過剰〔としての手〕を地に足のついたものとし、何かに集中させることを可能にした」と理解することもできるのだ。道具は、あらゆることをするために発明されたのだが、より根本的には、手に何らかの「すること」を与えるために発明されたのである。

映画『２００１年宇宙の旅』の冒頭に、チンパンジーが初めて道具の使用法を発見するという有名なシーンがある。その際に使われた骨は、ただちに他のチンパンジーを殺害するために使用される。これまで述べてきた過剰さがセクシュアリティに関係しているとすれば、この過剰さは暴力の問題としても考えることができる。ここで私たちが手それ自体を道具として考えているのだとすれば、〔手にみられる〕人を死に至らしめるこのような側面は決して私たちに縁遠いものではない。手は、〔誰かに何かを〕寛大な態度で与えたり、〔誰かから何かを〕ありがたく受け取ったりすることができるが、さらには人を殴ったり、叩いたり、ひっぱたいたりすることもできる。棒や石などの原始的な武器は、単に手の力を増強し、拡張するものである。エレイン・スキャリーがその素晴らしい著書『痛みにおける身体』で指摘しているように、大衆文化においては、道具と武器はしばしば区別できない。顔を叩く手と、生地を叩く手は基本的に同じ手であり、それは牛を解体するナイフと肉を切るナイフの関係と基本的には同じである。

　握りこぶしは、道具であると同時に武器でもある。スキャリーは、もし人間が最初につくったものがハンマーではなくお椀であったことがわかったとしても、人間が最初につくったものが道具であったという事実は変わらないだろうという。なぜなら、お椀をつくるためには、まず手を道具にしなければならなかったからであり、いい換えれば、手は物を整形するための手段として用いられたのである。後には道具と武器が区別されるようになるが、その区別は、それが何の上に振り下ろされるかによって決まる。もし、それが振り下ろされる面に感覚があるとすれば、それは兵器であるとされるだろうが、感覚をもたないとすれば、それは道具とされる。スキャリーが観察しているように、聖書のなかでナイフを持った〔アブラハムの〕手がイサクの上からヤギへの上へと移動する〔『創世記』二十二章一～十九節の〕場面から、大いなる進歩を見て取ることができる。しかし、ナイフが振り下ろされる先が、ヤギではなく木材に置き換えられるまでは、ナイフは武器である。その置き換えが起こると、傷つけることよりもつくることが目標とされるようになる。かくして、ナイフは武器から道具に変わるのである。

　しかしこの区別は、表象の問題によって複雑化する。ゲシュタルト療法を受けている患者は、クッションを叩くことで親に怒りを表現することを奨励されるが、たとえクッションの布の表面が感覚をもっていないとしても、患者が自分の拳を武器としてではなく道具として使っているとはいえない。重要なのは、クッションが何を表象しているかという点であり、また、叩くことそれ自体が何を表象しているかという点である。別の例をあげよう。労働者がイライラしながら帰宅して、空き瓶をゴミ箱に力を込めて投げ入れたとしたら、手は道具なのか武器なのか？　ここでは、彼らがどのような意図をもってそれをやったのかということは問題ではない。なぜなら、自分の行動は「道具を使った」だけだと、彼らは説明するかもしれないからである。自分は瓶をゴミ箱に投げ入れて、自分の気持ちにケリをつけようとしたのだ、という具合に。

棒や石と手とのあいだに明白なつながりがあったのだとすれば、後の弓矢や拳銃のような武器は手とどのような関係にあるのだろうか。そのような武器は、道具と武器とのあいだの区別を明確化し、手そのものの役割を変えてしまうのだろうか？　弓矢を使う際には、手と目が協調していなければならず、そのため先に述べた視覚的把握が用いられる。指を開いたり離したりするその独特の行動は、何かからの解放という問題、何かから分離する能力にもおそらくは関係している。しかし逆説的なことに、拳銃になると、私たちは手にもっとも近いところにまで連れ戻されるのである。

ティーンエイジャーや若い男性が自分の手を銃のようにして撃ち、映画『タクシー・ドライバー』の「俺に用か？」という有名なシーンを再現するとき、手の形状を銃そのものに関連づけないではいられない。実際、「拳銃《ファイヤーアーム》」という言葉には「拳《アーム》」が含まれており、銃身に見立てる指は、人を指さしたり責めたりする指と同じ指である。銃を使うということそれ自体が、こうした連想によって助長されているのかもしれない。武器が手に同化しているのであれば、殺傷は容易になるかもしれないのだ。世界でもっとも人気のあるコンピュータ・ゲームの多くが、他人を排除したり、アイコンを動かして敵を指さしたり、敵に触れたりする操作を含んでいることは、暴力に関心をもつ者にとっては無視できない事実である。

二〇一五年にフランスで起きたシャルリー・エブド襲撃事件（風刺雑誌の事務所に二人の男が押し入り、十二人が殺害された事件）の数週間後、私の患者の多くは、悲しみと衝撃をもってこの事件のことを語った。しかし、患者にもっとも頻繁にみられた反応は、頭のなかでその事件を再現することであった。まるでコンピュータ・コンソールから見る光景のように、人から人へと銃が移動していく光景が際限なく繰り返されたのである。あの襲撃のロジスティクスには人を惹きつける点があった。すなわち、あの襲撃では、なぜあれほど短時間にあんなにも多くの人を撃つことができたのか？　武装集団はどのように武器を交代で使ったのか？　命を奪う順番をあらかじめ決めていたのか？　といった一連の問いを引き起こしたのである。

こういった空想のなかで、患者の視点は犠牲者のところにではなく銃を持った人物のところに置かれるのがつねであった。銃を持った人物の視点から事件の現場が再現され、コンピュータ・ゲームとまったく同じように、非常に限られた時間内にできるかぎり速く移動しつつ、複数の標的を撃たなければならない、という空想がなされた。注意してほしいのは、まさに悲しみやショックを感じた人たちがこのような空想をしたということである。この事例から私は、映画『シンドラーのリスト』も同じような反応を引き起こしたことを思い出した。この映画が初めて公開されたとき、人々を釘付けにしたのは、収容所の犠牲者たちの苦境というよりも、むしろ収容所の司令官が監視塔から人々を無作為に射殺したシーンであった。当時の私の患者の多くが同一化していたのは、この恐ろしい射撃訓練中の司令官の享楽《エンジョイメント》であった。

シャルリーの事件の空想と同じように、射撃行為の再現はいつも冷静な状態でなされていた。感情や後悔や犠牲者への哀れみが湧き上がることはなく、ただ冷静かつ整然と標的を亡き者とするだけであった。コンピュータ・ゲームも同じ原理に基づいている。現代においてもっとも人気がある男性ヒーローは、苦痛や後悔を表に出さず敵対勢力を排除できる人たちである。その目的は、できるだけ短い時間で、できるかぎり多くの人を殺すことである。これが毎日数時間ゲームをするという何百万人もの人々の願望であることを知っておかなければならない。現代の文化においては感情表現が特別に重視されてはいるが、「感情表現をなくす」ことは、より強力な満足感の源泉となりうるのである。

　公共交通機関を利用して旅行する人なら誰でも知っていることだが、ほんの些細なことで爆発し、攻撃的になってしまう人はどこにでもいる。他人があまりにも近くに座ったり立ったりしているだとか、カバンが当たっているだとか、そういったことから暴力に発展するのである。銃が使われることも、きわめて稀ではあるが、ある特有のやり方をとればありうる。ハーモニー・コリン監督の映画『スプリング・ブレーカーズ』が数年前〔＝二〇一三年〕に公開されたとき、ある男性患者は、自分が日常的にしている経験をこの映画監督が理解していたことにひどく驚いたらしい。映画のサウンドトラックは、スクリーン上で起こっている出来事とは無関係に、クローズドボルト式拳銃の弾丸を装填する音が定期的に挿入されることによって中断される。私の患者がいうには、このサントラは道を歩いたり、スーパーで買い物をしたり、電車で移動したりするときに彼の頭のなかに鳴り響いていたＢＧＭであったらしい。銃にたえまなく弾丸を再装填し、周りの人々を撃ってしまいたいという考えに彼はしばしば取り憑かれていたのである。

　同じような音——発砲ではなく弾丸の装填にフォーカスした、銃に関連したある種のＢＧＭ——が一日中頭に鳴っている状態の人が多くいることもわかった。この場合、暴力は外部にあるものではなく、私的な世界のなかに限定されたものである。そして、公共の場所に入るとその音が強調されるのだが、それはまるで「他人との接近」という危険を示しているかのようだという。別の患者が説明したように、「戸外にいるときには、防御するか攻撃するか。二つの選択肢しかない」のである。

　暴力が潜在することで社会が成り立っているということについては、議論の余地がないだろう。人間の紛争の歴史も、空想された未来のユートピアをみても、それは明らかだ。未来について書かれたＳＦ小説のほとんどが「理想的な」世界を描いているが、そこで前提とされているのは恐ろしい秘密である――たとえば、好ましくない市民は食糧にされ、殺され、リサイクルされ、捨てられ、記憶や感情が消されたり書き換えられたりする、といった具合である。そこにはつねに同じ構造がみられる。つまり、「完全さや幸福といったものは、犠牲や喪失といった自発的・非自発的な行為によって可能になる」という構造である。

　この暴力の秘密は、年長者によって守られている場合もあれば、グループ全体に知られているものの語られてはいないという場合もある。いずれにせよ、物事や社会秩序にはつねに「裏側」があり、その見かけを取り繕うためには大きな代償が伴う。このような物語の主人公たちは、人生を現状のままにしておくか、自らや他者に大きな危険を冒してでも中断させるか、といった選択にしばしば直面する。映画『ハンガー・ゲーム』から『キャビン』、『パージ』から『ローラーボール』にいたるまで、平和は何らかの共同体の暴力行為によって守られているのである。

これはＳＦの領域だけの話ではない。ロマンチック・コメディーのようなジャンルを除けば、今日の成人向け映画のほとんどすべてが、「暴力行為はどのような場合に正当化されるのか？」という問いを中心に展開していることは注目に値する。〔暴力は正当化されないという考えに対する〕反例を見つけることは、〔暴力は正当化されないという〕事例を見つけることよりもたやすい。なぜなら、そういった反例はあまりにも遍在しているからだ。どんなときであれば、男や女は殺人を犯すことができるのか？　どういったときに復讐は許されるのか？　どの時点で許されざるものになるのか？　家族を守ることが許されるのはどういった場合か?などという問いは、いたるところに見られる。歴史的な観点からいえば、かつての銃乱射事件の犯人が抱いた「いつ銃を取るべきなのか」という問いに始まり、現代のドローン操縦士が抱く「いつ発射ボタンを押すべきなのか」、「いつ発射を拒否すべきなのか」という問いにいたる系譜を描くことができるだろう。

　アメリカでは、このような問いが「大統領の安全保障」の問題をうけて歪曲〔＝加工〕される。狙撃兵、内外の陰謀、爆弾、ホワイトハウスへの大規模攻撃など、アメリカ大統領の命が危険にさらされる映画、テレビシリーズ、書籍は文字通りごまんと存在する。しかし、イギリスやフランスとなると、首相や大統領の命が危険にさらされることはほとんどない。彼らを殺そうという陰謀はほとんどみられないのである。ダウニング街やエリゼ宮が民兵に襲撃されることは決してない。それは、イギリスやフランスの国家元首の重要性が低いからだろうか？　アメリカ国民が大統領に〔リビードを〕備給しているほど、私たちが他の国家元首に備給していないからだろうか？

　すぐさま予想される反応には、ケネディ暗殺と、それを反芻処理《ワークスルー》することの計り知れない難しさなどがあるだろう。しかし、ここでは植民地の歴史を振り返る必要があるのではないだろうか？　チャールズ一世が処刑された後、クロムウェルが王位に就き、チャールズ二世が王位に復帰するまで、国家は多少なりとも清教徒の支配下にあった。清教徒は、反乱と独裁どちらの側面においても激しい憎悪を向けられ、罵倒される対象となった。そして周知の通り、彼らの多くがアメリカ植民地に移住した。アメリカ史における彼らの位置づけは十分に記録されている。大西洋を渡ったときに、彼らは国王殺しという問題を道連れにしたのだと考えることもできよう。後にエイブラハム・リンカーンが暗殺され、その後ケネディが暗殺されたことが、この恐ろしいトラウマの記憶の残り火を再活性化させたのかもしれない。こうして、君主を処刑したという信じがたい犯罪の思い出がアメリカ文化に絶えずつきまとい、書籍やテレビ、映画において君主の死が回避されるシーンが際限なく繰り返されているというわけなのである。

ここ六十年ほどの間に、標準的な暗殺のモティーフを興味深い仕方でつくり変えた変種が現れた。それはつまり、殺人者は、秘密政府機関によって訓練されており、その機関は自らの痕跡を隠す必要があるときには暗殺者自身の暗殺を命ずる、というものである。これらの物語の多くでは、暗殺者は記憶を失ったり消去されたりしており、彼らは「誰かが自分を殺そうとしている」ということしか知らない。最終的に、彼らは自分たちを生み出した組織に戻り、復讐を行う。それはまるで、〔開拓時代の〕旧家に戻ったかのようになされる。

これは、抑圧と罪悪感の物語として――つまり、暴力はたしかに起こったけれども、それは自分の責任ではない、という物語として——読むことができる。ある組織が彼らに殺人を犯すようにプログラムしたのだから、殺人は彼ら自身の過ちではない、というわけだ。別の変種では、孤独な暗殺者が、まさに自身の「終わり」のために殺人を始めるというケースがある。この場合、「悪党」である暗殺者は、また別の暗殺者によって阻止されなければならない……。こういった映画において、暗殺者が絶えず脅かされているのは彼自身の手であることに注意してほしい。その手は死をもたらすスキルをもつが、彼自身はそのことに気づいていない。この特徴がもつ滑稽なポテンシャルは、今日では映画『エージェント・ウルトラ』で存分に利用されている。奇妙なことに、この物語は「切断された手」という古くからある物語に影響を受けており、そこでは空虚なままの主人——つまりいかなる責任ももたない主人——の命令が実行されているのである。

　これらの物語は、罪悪感や非難を避けようと必死になっている強迫神経症者の懸念と共鳴する。強迫症者の中心的なメカニズムのひとつは、ある行動を取り消したり、それが起きたことを否定したりすることである。彼らは犯罪のすべての痕跡を根絶しなければならないわけだが、痕跡を完全に根絶することは決して可能なことではないだろう。このような〔取り消しや否定といった〕方法では処理できない暴力的な思考やイメージによって、その人物は蹂躙されつづける。『ボーン』シリーズのように、ＣＩＡがヒーローの存在を否定しようとあらゆる手段を尽くしても、ヒーローは何度でも戻ってくる。彼は適切な仕方で殺されることはないのである。そして、彼は浜辺でリラックスしようとしているときでさえ、以前の〔彼がＣＩＡの暗殺者として行った〕暴力行為についての不穏な記憶の餌食となっている。

ここでは、強迫症者は奇妙な空間にいる。彼は、自分の暴力的な思考の痕跡をすべて消そうとすると同時に、自分を自由にし、そして何らかの変革を引き起こしてくれる暴力行為をずっと待ち続けてもいるのである。これこそが、強迫症者にみられる特徴的な行動が、「行動を起こさないこと」である理由なのだ。彼らは待っているのである。それどころか、彼らは自分の代わりに行動を起こして物事を成し遂げてくれるような人物を親友として選ぶことが多い。私の患者のなかには、二〇〇八年の金融危機がとても素晴らしいものであると感じた人々がいた。彼らは、金融危機によって一夜にして窓際族になった。つまるところ、行動を起こすという決断をせずとも、疎ましい仕事を辞め、慈善活動に参加したり、子どもたちへの教育活動を行ったり、といった意味のあることができるようになったのである。金融危機がひとたび否応ない仕方で彼らを襲うと、奇跡的なことに、彼らは自ら大きな選択をしようと決意しなくてもよくなったのである。金融危機は、彼らのために起こったようなものであった。

　今日において主流となった疑似活動は、多くの強迫症者に歓迎されている。リサイクルをしたり、タレントショーに投票したり、時事問題についてのコメントをインターネットサイトに書き送ったりすることで、公衆の面前では自分が活動的であるかのように振る舞うことができる。しかしもちろん、これらは変化の前触れとなる現実の活動ではなく、現実の混乱から私たちを守ってくれる新しい文化の諸要素にすぎない。ここではたしかに変化が待ち望まれている。しかしそれは、当該の本人たちがその変化に関与しないという条件付きだ。

　この傾向は、投票行為が漸進的に拡大していくことによって強化されていくだろう。かつて投票は政治的行為であったが、今日の私たちは〔音楽オーディション番組である」『X Factor』のお気に入りから、ニュース記事、サービスプロバイダーにいたるまで、ほとんどあらゆるものに投票をしている。Facebookやその他のソーシャルメディアでは、「いいね」をつけることができる。まもなく「悪いね」をつけることもできるようになるだろう――まるで、人間の行動範囲が単純なプラスとマイナスの対立に縮減されるかのように。実際、私たちはそういった投票を行うためにお金を払ってすらいる。たとえば、テレビ番組で参加者が投票権を得るためには、電話やテキストメッセージを利用するための料金が課される。

昨今、政党に投票するときでさえ、同様の「いいね」と「悪いね」のプロセスになっており、実質的な政治的内容が奪われている。この新たな疑似活動で覆われた世界では、誰もが自分の意見をもっている。だがそれは、その意見が誰にも届いていないということでもある。まれなケースを除いて、投票することには何の意味もない――「ある変化をもたらしたのは自分だ」という誤った印象を抱くことを可能にする以外には。企業が熱心にコンタクトをとってくるのは、私たちがその企業のサービスについて本心ではどう思っているかを知りたいからである。そのとき、私たちは自分の意見が重要だという信念に駆り立てられてしまう。しかし、企業に苦情をいったことがある人なら誰でも知っているように、私たちの意見は、雇用しているスタッフを企業内で管理するために役立っているのであり、企業の実践の根本的原理とはまったく関係がないのだ。この点についてとても正直なのは、フルーツドリンク「オアシス」の広告キャンペーン――「夏だ。あなたは喉が渇いている。私たちはお客を発見した！」という、非常にシンプルかつ最小限の宣言――である。

　疑似活動は強迫症者にとって実に効果的に働き、現実の変化や、変化に伴うリスクから彼らの身を守ってくれるものである。行動を起こさないことこそが彼らのルールだ。何らかの突発的な出来事が、自分とは関係のない別の場所で起きているかぎり、彼らはそれを魅力的に感じる。毎朝ニュースを聞こうと目覚めて、公共の場での殺人や大惨事が起きていなければ、深刻な失望感を覚える人は多い。もっとも彼らがそうした出来事を恐れ、犠牲者に対して共感していることに疑いはない。だが、センセーショナルな仕方で人命が奪われたというニュースの見出しがないとき、彼らは一時的な気分の落ち込みを感じるのだという。

　テューダー朝やステュアート朝の時代においてさえ、凄惨な物語には大きな需要があった。そういった物語は、嵐や地震、流血沙汰にいたるまでさまざまで、ブロードサイド・バラード〔＝紙の片面に印刷された韻文〕や印刷された新聞の形で流通していた。ただし、これらの大惨事を精神の乱れの兆候として、あるいは神による人間への警告の啓示的な現れとして捉えた場合、それが宗教的な戒めという口実のもとでなされた感興なのか、もしくはセンセーショナルなニュースとして偽装された説教なのかどうかは容易には決めがたい。ある歴史学者はそのように述べている。

　セレブの身に不幸な出来事が生じたというニュースは、〔セレブであることの〕報いとして受け止められ、人々の心を捉えることが多いようだが、それは次のような古風な引き算の論理に従って起こっている。もしAとBの間に社会的・経済的な不均衡があるとすれば、その不均衡はA－X＝B－Yという古い贈与経済の方程式を打ち立てることで解決される。セレブ（A）に何らかの問題（X）が生じているかぎりにおいて、私たち（B）は自分も問題（Y）を抱えながら生きていくことができるのである。

クエンティン・タランティーノは、強迫症者が住まうこの〔行動を起こさないという〕待機の空間を精緻につくり上げている。タランティーノが話題になるとき、一般に取り上げられるのは、あのまとまりを欠いた、とりとめのないセリフのスタイルである。会話はある話題から別の話題へと移り、そこには登場人物が置かれている状況の重大さについて、明確な論理も配慮もみられない。あたかも、ハンバーガーの詳細な調理法と、存在についての哲学的な問いが同じステータスをもっているかのようだ。しかし、この監督の本当の狙いはそこにはない。反対に、彼の特徴は会話のなかでいわれたことにではなく、会話から省略されたことにある。

彼の映画ではすべて、二人以上の人物の会話を中心にして展開し、視聴者は残酷な暴力行為が起こることを知っている。『パルプ・フィクション』でジョン・トラボルタとサミュエル・L・ジャクソンが、彼らのボスのスーツケースを盗んだ若者たちと親しげに話しているとき、そこで何か恐ろしいことが起ころうとしていることを私たちは知っている。同様に、『イングロリアス・バスターズ』のオープニングシーンで、クリストフ・ヴァルツがフランスの農夫に何かを尋ねるとき、この二人のあいだの洗練された冗談が、最終的には殺戮にいたることを私たちは本能的に感じ取る。タランティーノは、すべての会話が、死の瞬間——それが実際に起こるかどうかにかかわらず——を食い止めるものでしかないことを私たちに示しているのである。

『ジャンゴ　繋がれざる者』において、賞金稼ぎのヴァルツがプランテーション所有者のレオナルド・ディカプリオに向けて銃を打つ場面では、生と死を隔てるこの空間が、耐え難いほどの正確さで描かれている。ディカプリオはただ死ぬのではない。彼がショックでゆっくりと後ろによろめくこのシーンは、彼が自分の死に気づく瞬間を際限なく延長してみせる。強迫神経症が、あるレベルでは死の認識を遅らせる試みであるとすれば、それはこの〔生と死という〕二つの極をできるだけ遠くに引き離しておくことを意味する。ところが、タランティーノは映画のなかで、この二つを容赦なく近づけてみせるのである。

彼が無慈悲にも探求しているその〔生と死の〕中間地点を目の当たりにして、

動揺してしまう人々がいる。それは、大惨事から辛うじて免れることができた人々である。飛行機事故や交通事故の生存者、あるいは致命的な病気から回復した人々は、しばしば、その後になって非現実感が生じると報告している。大惨事そのものが——飛行機が地面に衝突したり、車が障害物に衝突したり、ウイルスに感染したりといった——単一の行動で構成されているとすれば、そこからの生存や回復は、いかなる類比的な意味においても、単一の肯定的な行動ではない。漫画のキャラクターであれば、誰かに殴られて頭にたんこぶができても、もう一度殴られることによって、たんこぶを凹まして一件落着だ。しかし、現実の人生はそうはいかない。通常、回復には時間がかかる。それは、単回の行為ではなく、少しずつやっていくしかないプロセスである。もう一度殴られることもなく、人は死との奇妙な関係のなかに取り残されるのである。

第三者から見た回復とは、最初の事故や病気と同じくらい深刻なものになりうる。なぜなら回復は、健康の回復それ自体の感覚と、回復のためになさなければならない行為があるという感覚、その両方を生じさせるために必要不可欠な反射物や支えを失ってしまうからである。事故が起きたとしても、それと同じように回復が起こるわけではない。ここから、精神分析家ジャン・アルーシュが、喪はプロセスというより行為であると主張している理由、そして伝統的な喪の儀式において暴力的な行為がよく見られる理由が理解できる。この場合、ある行動によって、別の行動に対する応答がなされているのである。

　暴力行為は、しばしばこういった治療的な目的をもっている。その際に、手が特別な位置を占めるのは偶然ではない。手を、暴力を行使するための単なる道具としてみるのでは不十分である。暴力を行使する際に手に広がる高揚は、自分の身体の一部が衝撃や打撃のショックに身を任せていることを意味しているのではないだろうか？　手が何かを殴ったり叩いたりするとき、その相手に対して効果が生じるのと同様に、私たちは自分の手そのものを叩いているのではないだろうか？　それはまるで、私たちが感じている何らかの内的な動揺を否定し、身体から追い出すために、自分の手を叩いているかのようなのである。

　実際、相手を殴るときに使った手が怪我することで満足感を覚える人は多い。手がぶつかった先にいる相手に痛みが伝達され、自分の手から痛みが失われるように、混乱した耐えがたい緊張状態がやわらげられるためであろう。他人を攻撃したいという強烈な感情が、他人からの侮辱や無礼に気づく前に生じるのはそのためである。つまり、身体が何かから逃れる必要があるという状態が先に存在し、その後で暴力をふるう対象を探せるようになるわけだ。その誰かを見つけられない場合には、当然、自分自身を直接攻撃することもある。自傷を行う人々の例も同様であろう。

7 言葉と手——手を使わせるテクノロジーの今昔

どこを見わたしても、人々は携帯電話に忙殺されている。「現代の社会状況では携帯電話の利用が減ることはなく、馴染み深い伝統的な人間関係が破壊されてしまうだろう」と指摘する評論家も多い。かつては、テーブルや囲炉裏を囲んで集まる家族風景があり、公共の場で会話を楽しんでいた人たち、そしてWi-Fiの向こう側にいる人ではなく目の前にいる人に情熱を向けていた人たちがいた。彼らに一体何が起こってしまったのだろうか？

〔かってあった〕人間生活の豊かさに目を向けられなくなることは、なんと恐ろしいことだろう。しかし、そういった考えに異議を唱えることもできる。人間生活の基本的な目的のひとつは、自分の同胞——たとえそれが私たちの愛する人物であったとしても——と近接した状況から自分自身を取り除く〔＝抽象化する〕ことではなかっただろうか、と。子どもの遊び場で携帯電話を使用する母親や父親は、必ずしも悪い親ではない。というのも、彼らはここではないどこか別の場所に行く方法を——宗教や音楽、工芸、技術を通して——見つけるという、人間が絶えず行っていることをしているにすぎないのだから。

一九八〇年代に自動車電話が大衆文化の象徴となったとき、テレビのコメディ・ショーや映画、そして実際の路上で、次のような場面が繰り返し目撃された。オープンカーに乗った派手な服装の男が電話に向かって大声で、株取引と恋愛がうまくいっていることを喧伝する、というシーンであるが、電話のプラグが抜けている、というオチがつきものである。今日生じているのは、おおむねそれを反転したプロセスである。人々は公共の場で、いかにも自分は重要なことをしているのだという表情で、せわしなく画面をタップしている。しかし、実際には、古いメールを削除したり、ランダムな文字や数字を携帯に入力したりするばかりだ。彼らの電話はいわば「プラグイン」されていないのであるが、彼らにとってはそのことこそが重要である。この場合、デバイスに接続することによって、彼らは現在の状況から自分自身を取り除くこと、つまりは物理的に存在しているにもかかわらず不在であることができるようになるのである。

古い友人や知人から予期せぬメールが突然送られてくることがあるが、先のプロセスに鑑みればこの現象を紐解けるかもしれない。（たいていは夕方や夜遅くに）突然連絡をもらったことに驚きつつも喜ぶということがある。だが、その連絡がきた理由は、真の愛がほとばしったわけでも、心の友とつながりたいという気持ちが生じたわけでもなく、ただメールを送る相手を必死に見つけようと試みたからなのかもしれない。あなたにメールを送っている人物は、いままさに公共の場で仲間に囲まれているのかもしれない。馬鹿げた挨拶をタイプしながら、いかにも自分は集中しているのだという表情をしているのかもしれない。メールを送るという行為は、メールを送っている自分が重要な人物だということや、他者とつながっているのだということを示すだけでなく、自分の近くにある状況からの脱出を可能にしてくれているのである。

いつの時代でも、文化の本質は「周囲の人々から距離を置く方法」を見つけることにあった。実際、現代の私たちが他人に話しかけることを許されるのは、道を訪ねる、タバコの火を借りる、時間をたずねる、変更をお願いする、といった場合に限られる。しかも、こういったことは一度にひとつしかしてはいけないことになっている。さらにいえば、カジュアルすぎる誘い方をすることによって、人間関係に必要不可欠な距離が失われることがあるため、「会いましょう」ではなく「コーヒーでも飲みに行きましょう」ということが好まれる。まるで人間関係には、その関係を仲介する何かがつねに存在していなければならないとでもいうかのようだ。一六〇四年にジェームズ一世がタバコ反対運動を始めたとき、「ある男が心から友人を歓迎できないのは、虚栄心が強すぎるからではなく、端的に手にタバコをもっていなければならないからではないか？」と彼は問うた。しかしタバコは、今日における〔「コーヒーでも飲みに行きましょう」というときの〕コーヒーのように、当時はそこになくてはならなかったものなのだ。それは、「コーヒー」の代わりにお茶やその他のものがその役割を果たすようになったとしても同じことである。

　先に私たちは、手を使わせるための技術の明らかな増加が、新たな社会空間——相互作用が距離においても空間においても加速される空間——の現れと歴史的に一致している可能性を指摘した。いたるところに存在した扇子や嗅ぎタバコの箱、腕時計といった物を階級や特権を示すために必要な指標であったとみなすことは確かにできる。しかし、それらは〔コミュニケーションにおける〕媒介をそこかしこで提供していたのだから、「社会的な接触を可能にするための道具」と解釈することもできるのではないだろうか？

　スティールが十八世紀のコーヒーハウスについて記述したテキストによると、

当時の人間どうしの相互作用はまったくもって身体的なものであったそうだ。つまり、話し手は聞き手の服のボタンや装飾用のネクタイを引っ張り、襟を掴むことさえあったという。「話し手と聞き手とのあいだには、ある一定の間隔が保たれるべきだ」という彼の主張は、単に会話のキャッチボールが「間《ま》」を挟みつつ行われなければならないという意味ではなく、新たな技術がもたらした効果として理解することもできる。つまり、人は自分自身を他者から引き離す方法をもっているからこそ、他者の近くにいることができるのだ。実際、ある女性患者は、生活に著しい変化があったときに抱いた不安を、「今の問題は、私を私自身から十分に引き離せるものが何もないことです」という言葉で表現していた。

　テレビやインターネットの広告が永遠に繰り返しているのは、自分の家にお客さんがやってくるシーンだ。そうしたシーンでは、温かい飲み物や空気清浄機や掃除関連の商品が来客とのあいだを仲立ちしており、あたかも「来客が本質的に脅威である」ことを示しているかのようだ。私たちが大いに依拠しているモバイル技術は、こういった人間の非常に伝統的な目的に――つまりは、人生から自分自身を引き離すという目的に——役立っているのである。かつて人々は互いに直接関わり合っていたのに、現代ではそうしなくなったといわれるが、その対比は単なるフィクションにすぎない。技術は、それが初歩的なものであれ洗練されたものであれ、つねに人々のあいだに距離を生み出すために用いられてきたのである。

　距離を生み出すこと。それは、おそらくは私たちが生み出す最初のテクノロジー——ウィニコットが「移行対象」と呼んだ、毛布や布や柔らかいおもちゃ——がもつ機能のひとつではないだろうか？　こういった対象は、幼児がおそらくは人生のなかで初めて、自分がどこか別の場所にいることや、自分が巻き込まれている身体から自分自身を引き離すことを可能にしてくれるものではないだろうか？

　手は、子どもに最初の出口を提供してくれる。幼児が自分で対処しなければならない身体的感覚に直面したとき、手は外側に向かうベクトルとして機能する。手の機能が、物を掴むことから手を伸ばして何かを取ることへと変化し、手の目的は身体の輪郭の外側に位置づけられるようになる。手は、身体から離れていく方向の動きを可能にするのである。手は、まさにそれゆえに人間の能動性として考えられてきたのかもしれない。しかし手に備わった「身体から離れていく」という動きは、それほど単純なものではない。その動きは、単に外側を目指すだけではない。というのも、私たちの手の使い方が示すように、手は弧を形成するように動くからである。つまり、手は、私たちから離れると、ふたたび身体の側に戻る〔＝私たちに近づく〕よう圧力をかけられ続けるのである。

　手は、つまむ、ひっかく、はじく、こするなどのさまざまな方法によって身体を挑発する。これらの行動は、私たちが意識している意志に反してなされる傾向があり、そういった行動の様子を他人に見られると羞恥心やいたたまれなさを感じる。手に何か仕事を与えておくことは、そういった行動が起こらないようにするための手段である。「手をぶらぶらさせていると悪魔が手を掴みに来るぞ」という昔からの警告があるが、その警告が示唆しているのは、その悪魔は実際にはきわめて個人的なものだということだ。何らかの歯止めがなければ、人は手を自分の身体の側に向かわせようとするのだ。だとすれば、仕事は、手が身体の表面を刺激することに舞い戻ってしまうのを防ぐために役立っていることになる。

私の友人に、軟骨が損傷するほど鼻の上の一点をこすりつづけていた人がいる。彼女は新しく大学の仕事に就くことになったが、その仕事は移動距離も長く、労働時間の面でも重労働であった。だが、そうであったにもかかわらず、その仕事は鼻をこする行動を抑制する効果があるから大歓迎だ、と彼女はいった。大勢の学生を前にして講堂で教鞭をとることは、彼女はその病的な切迫感を鼻に向けることができないことと同義であった。私たちが二人で会うときには、彼女が自分の手を標的である鼻の方へ動かすたびに、私がその手を掴んで拘束し、手が〔鼻と身体のあいだで〕弧を描くことを阻止していた。強迫的な行為をする彼女と、それを強迫的に阻止する私とでは、どちらがより病気なのだろうか。私たちはそのことをずっと考えていた。

テクノロジーは、この「手が身体へと戻る運動」をあるレベルで阻止したり遅延させたりするものである。そのテクノロジーには、スマートフォンのように洗練されたものもあれば、これまで人々が手にしてきた多くの物と同じく、単純なものもある。たとえば祈りの実践や数珠のことを考えてみればよい。今日では、祈るという行動は地中海地域でもっとも多く観察され、そこでは男性も女性も公然とビーズを指でいじっている。多く見積もれば、世界人口の最大三分の二がビーズを使用しているそうである。ビーズチェーンは、仏教、イスラム教徒、ギリシャ正教、さらにはキリスト教のものとさまざまな種類があるが、キリスト教のものは一般には使用されにくいだろう。もっとも、ビーズは世俗化が進んでおり、多くの利用者が、そこには宗教的な意味や祈りとの関連性はないといっている。また、ビーズはその長い歴史のなかで使用が確立されてきたにもかかわらず、携帯電話を買うことができる場所では、ますます携帯電話にその座を奪われているようだ。人々は〔カトリックにおける数珠である〕ロザリオに手を通すのではなく、ベランダや玄関先に座ってメールを送ったり、ネットサーフィンをしたりしているというわけである。

　ビーズチェーンは、初期キリスト教で使われていた結び目の鎖から発展したものであるといわれており、祈りを唱えることと関連づけられることも多い。実際、単数形の「ビード」という言葉は、当初は祈りの言葉として使われ、後になってようやく数えられる物を指すために使われるようになったそうだ。イスラム教のビーズ〔＝数珠〕は、九九個の玉が神の性質を表すために使われ、一〇〇個目の玉は神の名前を表すとされる。他方、伝統的なキリスト教のビーズは一五〇個の玉からなるが、十個ごとに「一連」に分けられており、〔十五の〕祈りを数えるのに使われる。当初重要視されていた主祷文の祈りは次第に「アヴェ・マリア」に取って代わられ、そして十五世紀以降、キリスト教のロザリオに彫られたマリアの印が広範に使われるようになった。

しかし、数珠はなぜ数えることと関係しているのだろうか？　よく知られているように、ゴディバ夫人は、彼女が創設したベネディクト会修道院に、糸を通して数珠状につなげた宝石を遺贈した。彼女はビーズを「祈りを続けて復唱するときにひとつずつ指でつまみ、祈りの回数が所定よりも少なくならない」ようにするために使用していたそうだ。このような仕方で流通した結び目や数珠は、そろばんのようなものとして扱われていたと考えられる。声を出して数えなくても、所定の数の祈祷を終えることができるよう用いられていたのである。しかし、エイスネ・ウィルキンスがロザリオの歴史研究のなかで指摘しているように、ビーズは単に数えるためではなく、移動の際〔の暇つぶし〕にも使われていた。人間はそわそわしてしょうがない生き物だということを、教会はよく理解していたのである。

ここから、私たちは重要な論点に行き当る。敬虔さとはつねに身体にかかわる肉体的な訓練であり、祈りという精神的な修練は手と指の身体運動と組み合わされている。このような身体の関与は、東洋の宗教においてより頻繁にみられるものだが、キリスト教にも同じことがいえる。初期の修道士たちは祈りの生活のために、たった一人きりで街を離れたが、その際の持ち物が数珠だけだったことは珍しくない。ごく最近まで、祈りの言葉が口に出されるものだったことを思い起こせば、この数珠というテクノロジーが発話に付随するものとして絶対に必要なものだったことがわかるだろう。今日、ビーズは徐々にその宗教的機能を失いながらも、〔発話と〕組み合わせて用いられる道具として機能している。

人間の文化の記録をひもとくと、話者は話すときにつねに手を動かしていたようである。また、手の動きと言語の関連性について、数多くの研究もなされてきた。一九六〇年代初期の研究の多くは、人が話す際に、意識的・無意識的なレベルの両方において、手のジェスチャーをどのように使っているのかに注目していた。心理学者や精神科医たちは、身体の動きと発話における「間」や区切りとの関連を研究し、「身体の文法」の規則を見つけようとしていた。発話のなかで何かを言語化するのが困難ないし不可能になった時に、手の使用が劇的に増加する、と主張する者もいた。他の研究者たちは、キネシクスという野心的なプロジェクトに取り組んだ。キネシクスは「非言語的な」行動の構造分析のことで、ジェスチャーを音素やセンテンスにまで分解しようと試みるものである。最近では、利き手と初期発声の関係について多くの研究が行われている。

　第一世代の研究者たちは、手の使用がおおよそ二つのグループに分かれるという意見で一致していた。一方の「対象に焦点を当てる」手の運動は――特に、言葉を強調したり、区切りを入れたり、修飾したり、例示したりする際に――話し言葉と密接に関連していた。他方、引っ掻いたり、こすったりするような

「身体に焦点を当てる」運動には、話し言葉との関連はみられなかった。対象に焦点を当てるジェスチャーは、発話のリズムに合わせて調整されており、その二つの同期のゆらぎが言語符号化における問題を直接的に示していると考えられた。発話と運動がうまく噛み合わない場合には、話者が何かを表現することに苦労している可能性がある、というわけだ。しかし、身体に焦点を当てる運動は、それとは異なったものであることがわかった。それらの運動は、発話のリズムにはそれほど同期してはいなかったのである。そして、そうした運動は、分離や死別などの喪失の後にしばしば起こっていた。それはまるで、身体が痛みや悲嘆に反応して自分自身を刺激しているかのようであった。

　あらゆる研究者によって確認されていたように、先の二つのグループの違いは、実際にはより複雑なものであった。古典修辞学者もそう考えていたように、「対象に焦点を当てる運動」が話すことと結びついていたことは確かである。だが、「身体に焦点を当てる運動」が言語から完全に切り離されているわけではない。後者の運動は、話すこと自体にはほとんど関係がなかったが、そういった運動はまさに「聴く」という経験に関係していたのである。私たちは、聴衆を説得しようとしたり、あるいは単に聴衆とコミュニケーションをとろうとしたりするときに、意図的であるかどうかにかかわらず、ジェスチャーを用いることがある。しかし聞き手の側にも、身体の関与が存在する。実際、他人から話しかけられているときに、手を動かさないままでいられる人がいるだろうか？

　これについて適切に評価をくだせるのは、おそらく精神分析家だろう。分析家というのは結局のところ、一日の大半椅子に座り、静かに患者の話に耳を傾けて過ごしているのだから。その際、彼らは手を使ってどんなことをしているのだろうか？　患者の話を聴いている精神分析家を思い浮かべてもらうと、不思議なことに、もっとも人口に膾炙したイメージは、メモをとっている精神分析家の姿であるようだ。一九五〇年代にニューヨークの百貨店メイシーズが、精神分析家のオフィス風景をウィンドウに展示した。そこには、カウチに横になった患者の傍らで、メモをとっている分析家の姿があった。しかし当時、これは決して習慣的なものではなかったため、エトムント・ベルグラーはすぐに記事を発表して、「メモをとる分析家」というのは神話上の存在にすぎないと述べた。フロイトが、メモをとるのをやめるように忠告していたからである。

実際、現在までの精神分析の文献についての調査記録を読むと、話を聴いている精神分析家がもっとも頻繁に行っていることは、メモをとることではなく、編み物をすることだったようだ。

フロイトの娘アンナは分析中に編み物をしていたことで有名である。彼女は学生たちに精神分析の訓練の一部として機織りを教え、それは話を聴くという仕事との「バランスをとる」ためであるとすら考えていた。父フロイトが晩年を過ごしたロンドンの家では、フロイトの書斎は古美術で満たされていたが、娘アンナの部屋には巨大な織機があったという。この事実は、彼女にとって手作業がどんなものであったのかを雄弁に物語っている。彼女によれば、その手はフロイトが彼女の「情熱的な過剰さ」と呼んだものを吸収するために大いに役立っていたようだ。彼女は一九八二年に卒中によって衰弱し、手で編むという作業ができなくなったとき、次のように発言した――「その手がしたことを見てごらんなさい。手は、私に長いあいだコントロールされたせいで怒っている」のだ、と。

フロイト自身も、喫煙するために手をせわしなく動かしていた。また、彼は話を聴いているときにしばしば宝石の指輪を舐めていたが、かつてそれは一般的な習慣であったことが明らかになっている。同様に、彼の診察室を彩っていた多くの古美術品は、単に患者にとっての視線のやり場であるだけではなかった。カウチの背後で、彼の手は小さくて壊れやすい置物やお守りをひっかき回したり、なでたりしていたのである。

そのほかに分析家たちのあいだで頻繁に行われていたのは落書きで、それが話を聴くという経験と密接に関連しているのは間違いない。私たちがとてつもなく頻繁に落書きをするのは、電話や会議で誰かの話を聴いているときだ。ロンドンのある雑誌が一九二〇年に落書きコンテストを開催し、応募者を募ったことがある。精神科医たちは、その際に集まった九千件の応募をもとにある研究を行った。落書きが行われるのはほとんどの場合において、何もしていないときや目的がないときではなく、逆にラジオを聴いているときであることを彼らは見出した。この結果をみれば、「古き良き人間関係があった時代には、家族がラジオを囲んで身を寄せ合っていた」という一般的なイメージは、疑問視されるべきであることがわかる。古き良き時代においてすら、人は自分たちの手を忙しくしていなければならなかったのである。このこともまた、手の活動と話を聴くことの関連性を示している。まるで発話という経験は、何らかの形で身体化されることを求めているかのようである。

ブラジルの芸術家リヴァーニ・ノイエンシュヴァンダーは、連作をつくるために、バーなどの人が話したり話を聴いたりする場所を訪れ、会話の後に残された、目立たない小さな物を収集した。折り曲げられたり巻かれたりしたボール紙や、バラバラに折られたマッチ、折り目をつけられたり畳まれたりしたコースター。彼女はこれらの物体を「スピーチ・アクツ」と呼び、それらが会話の際の副産物であることを強調した。彼女の作品がはっきりと示しているように、言語は身体化されていない状態では存在せず、手が絶えず何かを操作し、成形することによって、受肉化されることを要求しているのである。

ある女性患者は、次のように説明した。気持ちが高ぶったり逆に低くなったりするときには、それを表すために身体に痛みを生じさせなければならないのだ、と。彼女いわく、これは気持ちを否定したり、気持ちから意識をそらしたりするためになされているのではなく、単に気持ちに対応する身体の状態を生み出すために、つまり「〔精神と身体の〕一種のバランス」を生み出すためになされているのだという。さらに彼女は、「人は精神的な痛みと身体的な痛みのバランスをとる必要がある」とも述べた。彼女にとって、これはまったく普通のことなのだが、これは実際に手の論理をつかさどる原理なのだろうか。

　私たちは言語によって動かされ、私たちの思考はさまざまな――往々にして痛みを伴う――方向に行きつ戻りつする。その際に、手を使うことは〔精神と身体の〕バランスをつくり出そうとする試みなのだろうか？　そして、もし言葉が私たちの手を使って身体化されることを求めるのだとすれば、書くという行為はその究極の形なのだろうか？

　人は、手の動きにさまざまな調整を施したり、工夫をしたりすることもできる。しかし、極端にいえば、手の動きは発話に伴う付属物や道具などではなく、むしろ発話それ自体の一部分なのかもしれない。言葉が私たちの心だけでなく身体にも影響を与えるのと同じように、手の動きは話すことの一部を形成している。そして、より重要なのは、それが聴くことの一部も形成しているということである。考えてみると、視覚障害者はハンド・ジェスチャーを健常者と同じ頻度で、しかも健常者と同じ手の格好で行う。つまり、心理学者のスーザン・ゴールディン＝メドウが述べているように、ハンド・ジェスチャーは、他人のためだけでなく自分自身のためにも行われているようだ。

　話したり、話しかけられたりするとき、私たちは言葉を身体化するためにできる限りのことを行っている。ジェスチャーの動きのほか、そわそわしたり、落書きをしたり、書いたりすることなどもそうである。ロゴスをつねに強調してきたキリスト教が、言葉がどれほど身体化されるものであるのかを、つまり言葉の受肉化という考えを絶えず伝えつづけてきたことを思い出してもよい。これは抽象的な問いではない。信仰をもつかどうかにかかわらず、あらゆる人に関係する問いである。

　実際、身体は印づけや刻印にかかわっているのだから、書くこともジェスチャーのひとつの形態と考えられる。地下鉄やバスの乗客が必死にメールを書き、画面をスクロールし、タップしている様子は、書くという習慣が一般化されたものとして理解すべきではないだろうか？　新しいデジタル・ワールドにおいて、人々は昼夜を問わず言葉によって侵入されつづけている。そのため、このような習慣がより差し迫ったものとして必要とされているのである。

デビッド・エフロンは、ジェスチャーに関する画期的な研究を行っている。その研究において彼は、ニューヨークに移住して間もない南イタリア人と東方ユダヤ人のボディ・ランゲージを、すでに数年間そこに住んでいた人々のものと比較した。エフロンの研究は一九三〇年代に執筆されたこともあり、宗教や国家の特徴と人間の行動上の特徴とを結びつけようとする、当時広くみられた人種主義的な理論を問い直そうとしていた。彼は、ストリートや公園、市場、シナゴーグ、社交の集まり、レストランなどでデータを集め、人は新しい環境に移ると実際にジェスチャーを変化させること、そして驚くべきことに、ジェスチャーに関わる運動が一種の台本のようになっていることを明らかにした。

この研究は、最近移住してきた南イタリア人も東ユダヤ人も、移住先とはまったく異なる仕方で手を使っていたことを明らかにした。イタリア人のジェスチャーは、手の動きが終わるまで単一の方向に向かう傾向があった。反対に、ユダヤ人の身振りは、ある運動から別の運動へと角度を変えながらジグザグの線を描くものであり、紙に再現するなら「複雑な刺繍」を思わせるものであった。ある観察者によると、その身振りは「絡まった糸のよう」であり、「記述するのが非常に難しい、編み物のような性質」をもっていたという。エフロンの本には、実際に三つ葉の結び目の形を示す図が描かれている。この結び目は、人間の言葉というよりも、数学を連想させるものである。

　この場合、書くことと身体がひとつに収斂しているように思われる。すると、織物や編み物と話すことや物語を語ることとのあいだの関連性がつねに観察されてきたのはなぜか理解することができるだろう。ハンス・クリスチャン・アンデルセンは、彼の童話の多くを織物部屋で聴いて記憶したといわれているし、歴史的にも、織物はグループでおしゃべりをしつつ編まれることが多かったという。私たちは運命が紡がれたり編まれたりしているという。また、責任を負っている女神たちは紡績工や織物工として描かれることがある。糸がひとつの物語であるのと同じように、手の動きは言葉の動きに付随しているのである。

　晩年のジャック・ラカンは、結び目理論を精神分析に導入することによって、人間の精神の地図をつくることができる、もっとも厳密なモデルをつくりあげたと主張していた。彼はポケットに紐を入れて持ち歩き、診察室から公開セミナー、行きつけのカフェやレストランにいたるまで、時間や場所を問わず、結び目をつくったりほどいたりしていた。結び目理論の理論的な利点とはもはや関係ないほどに、ラカンが結び目をつくるという現実の実践に興味をもっていたことが推測される。だからこそ、彼は何時間も手を動かしつづけていたのである。

　フロイトの精神分析家としてのキャリアの始まりは、彼が手を使うことを放棄したことによって特徴づけられる一方で、ラカンがその人生の最後に手へと回帰したことは興味深い。フロイトは初期に行った催眠術の研究において、患者の額に手を当てて、思考や記憶を引き出していた。後に、自由連想という精神分析技法が発明されると、手はまったく使われなくなった。ところが、ラカンの結び目の作業は、分析と手作業の融合を示している。彼にとって結び目は抽象的なものではなく、持続的に行われる日常的な活動であり、私たちが熟考するべき現実的かつ身体化された次元なのである。

身体化や受肉化へと、そしておそらくは書くことへと向かうこの動きは、手の動きが他の事柄と関連して行われることがかなり多いことの理由を説明してくれる。話を聴きながら落書きをする、編み物をしながら話をする、祈りながらビーズを操る――こうした場合において本当に問題なのは「ながら」という部分である。フロイトとその弟子のシャーンドル・フェレンツィが早くも身体の欲動の融合や混合に興味を示していたにもかかわらず、精神分析がこの問題を十分に取り上げることがなかったのは残念である。フロイトの論文に対して意見する者は、彼の患者であるドーラの空想生活の鍵は、彼女が親指をしゃぶりながら同時に弟の耳たぶを引っ張るというイメージにあったことを延々と指摘する。しかし、彼らはしゃぶることと引っ張ることについては山ほど語ってはいるが、その二つのあいだにある「ながら」については何も語っていないのである。

しかし、身体の欲動の主な例をざっと見ただけでも、そこにはつねに「ながら」が存在することがわかる。窃視症者は見るという行為に釘付けになっているが、しかしその行為は、つねに手で別のことをしながら行われるのである。

乳児は、乳房を吸う際に、手と指を使って、掴んだり、握ったり、扇いだり、触ったりしている。年をとってからも、本を読んだりテレビを見たりしながら、爪を噛んだり、爪を切ったり、ひっかいたり、こすったりすることがある。引っぱったり、ひっかいたり、何かを丸めたりしていないと仕事ができないという人も実際に存在する。ひとつの行為だけでは十分ではないのである。それは一体どうしてなのだろうか？　なぜ吸うことや、読むことや、見ることだけでは十分ではないのだろうか？

現在では、間食や軽食といった人間の営みを賄ってくれる産業が大規模に存在する。〔暇つぶしのために〕テレビを観るだけでは、そのようなニーズを満たすことはできない。というのも、口に食べ物を補給するという行為は、手が絶えず食べ物を移動させることを必要とするからである。もちろん、噛むことや咀嚼することは重要であるし、砂糖や塩を摂取することも重要ではある。しかし、こういった産業は、人間が手を忙しいままにしておくための実践の一例であり、究極的には手と口のあいだの「病的な同盟」の一例として考えられるべきであろう。エラスムスは、次のように述べている――「途切れのない食事は、話によって何度も中断されるべきだ。中断なしに食べたり飲んだりしつづける人がいるが、それは空腹や喉の渇きのためではなく、そうしなければ彼らのジェスチャーを抑制することができないからである。そうでなければ彼らは頭をかいたり、歯をこすったり、手を使って身振り手振りで表現したり、夕食用ナイフで遊んだり、咳をしたり、咳払いをしたり、痰を吐いたりするだろう」。

　この場合、基本的な行動とは、見ることなのだろうか、それとも食べることなのだろうか。実際、エラスムスが指摘した困難は、十六世紀とまったく変わらずに現在も存在している。ある男性は、自分が泊まっていたカントリーホテルのディナーサービスにビュッフェスタイルの食事があることを知り、不安を感じたと述べた。ビュッフェでは、決まったコース料理を提供してもらうのとは違い、まず自分で何を食べるのかを選び、前菜とメインとデザートを食べるタイミングを自分で決めなければならないのだが、彼はそのあいだに何をしたらいいのかわからなかったのだという。彼は、どのくらい待ってから起きて朝食に向かえばいいのか？　食事と食事のあい間には何をすればいいのか？　と不安になっていたのである。

ゴフマンは以前から、一人で食べることがいかに難しいことであるのかを観察してきた。というのも、一般的にいって、一切の媒介なしに食べ物に向き合うことは社会的に許されていないからだ。食事をするときには、新聞や本を読んだりするか、最近であれば、じっくり考えて返信しなければならない緊急かつ重要なメールを打ったりするなどの、高度な目的がなければならないのである。食べ物の場合と同じ抑圧は、ポルノにもみられる。女性のヌードが載った雑誌がコンビニの棚の最上段を飾っていた時代に、男性は特定のページを読み込むのではなく、あたかも注意が均等に分散されているかのように雑誌をパラパラとめくっていることを、ある社会学者は見出した。男性たちはしかめっ面になるほど集中しており、まるで体系的にページをめくることによって、常人には理解できない重要な情報を探しているかのようであった。

エラスムスが主張するように、食事の中断は食べる人と食べ物を分離させる。それはちょうど、従来型のレストランのコースの料理と料理のあいだの待ち時間が一種の句読点となり、時間の間隔を生み出すのと同じことである。日常生活の多くの事柄も、私たちを圧倒する食欲——それは口と手が共有する欲求

——から距離をとる、という同じ目的をもつものだ。英国のさまざまな家族がテレビを見ている様子を記録した「ゴーグルボックス」のようなリアリティ番組は、この二面性がいかに執拗に現れるのかを示している。画面に映っているものにどれほど心を奪われていたとしても、彼らはつねに手で何かしている。画面を見ている時間《スクリーン・タイム》の長短をめぐる議論は、この重要な事実を見落としがちである。つまり、画面を見るということは、手をふさいでおかなければならないということなのだ。だとすれば、手に取る対象としてはリモコンがうってつけであろう。

米国と英国の人は、毎日平均四時間テレビを見るらしい。その間、彼らは頻繁にチャンネルを変える。このことは、注意欠陥という問題、集中力の欠如、および全般的な注意散漫が増えていることと関連すると考えられてきた。しかし、テレビのチャンネルを次々と切り替えることは、単に注意力の問題というより、手を使うことと関連しているとみなされる。すべての家庭でリモコン争奪戦が起こる。リモコンは、あるレベルでは家庭内の権力の象徴だが、握ったり、いじったり、押したり、クリックするための道具でもあるわけだ。

画面を見ている時間はつねに、手を使う時間《ハンド・タイム》でもある。リモコンが手を使わせるための技術の座に即座に収まったのと同じように、今日テレビの視聴中には、携帯電話やタブレットも使われるようになった。飛行機の機内誌は不可解なほど退屈だが、これまで絶滅することはなかったわけであって、機内誌が画面に完全に置き換えられてしまうことは決してないだろう。少なくとも、飛行中いつでも携帯が使えるようになるまでは、なくなりはしないだろう。

手を使うことを妨げられると、どんなことが起こるのだろうか？　子どもがレゴやゴムバンドで遊ぶことをやめさせられたり、大人が携帯電話やゲーム機で遊ぶことをやめさせられたりすると、すぐに身体がその代わりとなる。つまり、手を使って身体をひっかいたり、こすったり、引っ張ったり、押したり引いたりするようになる。手を使わせるための技術によって遅延させられ抑制されていた手の過剰な高揚が、身体に回帰するのである。ここには、ものすごいエネルギーを伴いながら拍動する回路が存在する。ニコチンパッチが失敗した究極的な理由のひとつはここにある。ニコチンパッチは、化学物質としてのニコチンを供給してくれはするが、タバコを手で持ち、操作する行為の代わりには決してならないのである。

　手先を使って体を刺激すれば、安らぎが得られるとされている。しかし、実際には刺激は痛みの変調をもたらしてくれもする。ある女性は、髪の毛を抜くという行動について、「針のように髪の毛が皮膚から出てくるときの感覚を再現したい」のだと説明した。しかし彼女は、どれだけたくさんの毛を抜いても、自分が見出した感覚を、つまりフロイトが自体性愛的な活動の中心とみなしていたものと一致する感覚を再発見することがほとんどできなかった。もし、痛みを得ることを目的に髪の毛を引き抜いていたとすれば、その痛みは他の痛みと一致する痛み、つまり知覚の同一性を生み出す痛みであろう。

　この再発見は、私たちが個人の同一性《アイデンティティ》に到達することとだいたい同じである。この種の話題を議論するとき、哲学者は、人は自分が何者であるかについての安定した感覚をもっていると思い込む傾向にあり、その感覚の根底にある基盤が何なのかを調べようとする。しかし、私の経験では、自分が誰であるのかを自覚している人はほとんどいない。むしろ人は、特定の瞬間に、しばしば痛みを感じることによって、自分が存在しているという感覚をもつにすぎない。精神分析理論も、私たちが自分の身体にどのように住まうようになるのかについて論じてはいるが、やはりこの特徴を無視しがちである。さまざまな実践からわかるように、痛みは身体の境界を際立たせ、明確にしてくれるものなのである。

　男性が友人に会うために、あるいはデートのためにカフェやレストランに入る、というどこにでもある例から考えてみよう。先ほどの例と同じようなことが、ほとんど滑稽なほど規則的に起こるだろう。男性は、店のなかを横切るときに、自分の顔や頭に触れるだろう。ひっかいたり、こすったりするのではなく、単にあごや鼻や首に触れるだけのこともある。俳優は、現実世界の人間のように振る舞おうとするとき、これと同様の、顔に触れるという行動をとる。トム・ハーディーのような天才俳優でさえ、つねにそうしている。

　自分に触れるというこの奇妙な行為は、自分の近くに他人が存在し、その他人から自分が見られているか、少なくとも見られていると感じているときに起こりやすいようだ。相手の視線がこちらに向いていると想像すると、私たちはまるで自分がそこにいることを確認するかのように、また否定を孕んだ眼差しをやわらげるかのように、自分の体に触れる。多くの文化圏において、手の表象が邪悪な目を撃退するために用いられているのは、おそらく偶然ではない。ゴフマンが何年も前に指摘したように、ここでの社会的自己は定められたものではなく、観客の前で演じる行為にほかならない。私たちが観客の存在を感じるとき、ささいな契機——たとえば店のなかを横切るときの自己刺激——が、自分という人物を身体につなぎとめているのである。

　このようなつかの間の身体感覚がスペクトラムの一方の極だとすれば、他方の極にはさまざまな自傷の形態がある。どちらの極もその目的を同じくしており、自身のなかで生み出した身体的な感覚を自分が回帰すべき一貫性の原点として捉え、自分という人物を存在させようとしているのだ。この点からは、自傷行為と自己を区別することは難しいといえる。ある男性の言葉を借りれば、「自分を傷つけているときだけ、他人から分離した自分というものを感じることができる。自傷は、自分自身にたどり着く唯一の方法」なのである。先にも引用したテリ・チェイニーにとって、自分の身体は母親の創造物として経験されていたが、それでも身体を切ることは自分自身に戻ることを可能にしていた。

別の患者の言葉を借りれば、「自分が存在していると感じられるのは自傷しているときだけだ」というわけである。

　この場合、自傷は自律しようとする行為であり、カッターナイフはそのための唯一の手段である。それは、自分が能動性の主体であるという考えを可能にするだけでなく、あるリズム、すなわち物事の前後の感覚を導入することを可能にする。終わりのないしびれや不安を絶え間なく経験し、そこにとらわれていると感じている場合は、この感覚が非常に重要になる。これは、次のような問いとも関連するかもしれない――人生の早期の段階において、私たちはどうしてこれほどまでに自分の身体を手で触ることに時間を費やすのか？　幼児はなぜ一方の手がもう一方の手に触れる瞬間に惹きつけられるのか？　年をとると、痛みが、私たちが自分自身と再びつながるための唯一の方法になるのだろうか？

　こうして、私たちは本書の出発点に連れ戻される。私は、デジタル機器に覆われた世界において私たちが感じる疎外感に注目するよりも、手をつねに忙しい状態にしておくことが人間の中心的な活動であることを強調したかったのであった。人生とは、単に接続するだけではなく、切断することでもある。スマートフォンやコンピュータやタブレットは、他人との近さや、近さに伴って生じる要求から身を引き離すことを可能にしてくれる。こういったデバイスは、他者とのあいだの仲介者として働き、私たちが別の場所にいることを可能にしてくれる。しかしそれらのデバイスは、究極的には手を使ったある種の回路の一部となっている。そのため、その回路は結局のところ身体の刺激へと回帰し、私たちは実際には疎外されてしまう。この疎外は、私たちに自分自身を見失わせてしまうかもしれない。それでも手が身体に舞い戻るのならば、〔自傷によって生じさせられるような〕痛みによって私たちは自分自身を取り戻すことができる。それは単なる否定的な感覚ではなく、肯定的な意味での疎外であり、人間の生活にとって必要不可欠な機能を果たすものだ。そして、私たちに取り憑いた緊張や高揚を局在化し、操作するために役立つものなのである。

　新しいテクノロジーをもちいて、手ぶらで操作できるようにデザインされた多くのプロジェクトが高い確率で失敗する理由はここにある。グーグル・グラスに対しての反響が少ないことはすでによく知られている。声だけでコンピュータを操作できるのは魅力的に思えるし心躍ることかもしれないが、コンピュータという技術がもつおそらくもっとも重要な役割――手でタップしたり、文字を打ったり、クリックしたり、スクロールしたりすることを可能にするという役割――を私たちから奪ってしまうことになるだろう。すでに見てきたように、言語は身体化される必要がある。〈言葉〉がいたるところに存在するためには、私たちの手がこの言葉を肉に変えるために忙しくしていなければならないのである。

　アップル社は、競合他社が見落としていた「あること」を理解していた。アップル社に電話をかけると、自動応答システムが出迎えてくれる。そのシステムは、あなたに何をしたいのかを尋ねてくる。そして、あなたがしたいことを伝えると、システムが次にする行動を教えてくれる前に、少しの「間」が設けられている。そして、この短い「間」のあいだに、音が聞こえてくる。それは、あなたのメッセージがあたかも人間の手でタイプされているかのような、キーボードを叩く音である。もちろん、これはコンピュータで合成された音なので、あなたがシステムに伝えた事柄とはまったく関係がない。しかし、この「間」に、つまり質問と回答のあいだにある空間に、いまだに手が存在していることを理解しておかなければならないだろう。

訳者解説

初めに、一枚の絵（図1）を紹介したい。日本臨済禅中興の祖として江戸時代中期に活躍した白隠《はくいん》慧《え》鶴《かく》禅師《ぜんじ》（以下白隠と記す）の禅画『隻手』（個人蔵）である。我が国における「手」をモチーフとした絵のなかでも著名な数枚に入ると思われるこの絵を、本書の著者、ダリアン・リーダー氏は、どのように読み解かれるのであろうか。

白隠禅の特徴は、心に疑団（疑いの気持ち）がなければ、自分のなかにある仏性に気づき、悟ることはないという考え方にある。故に、白隠はそうした疑団を人々の心に引き起こす上で、次のような「隻手（片手）の音声」の公案がもっとも適していると考えたのである。

「今、両手を相い合わせて打てば、パンという音がするが、ただ片手だけをあげたのでは、何の音もしない。［中略］この隻手の音は、耳で聞くことができるようなものではない。思慮分別をまじえず五感を離れ、四六時中、何をしている時も、ただひたすらにこの隻手の音を拈提して行く（全身全霊で取り組む）ならば、理屈や言葉では説明のつかぬ、何とも致しようのない究まったところに至り、そこで忽然として生死の迷いの根源、根本無明の本源が破れる。

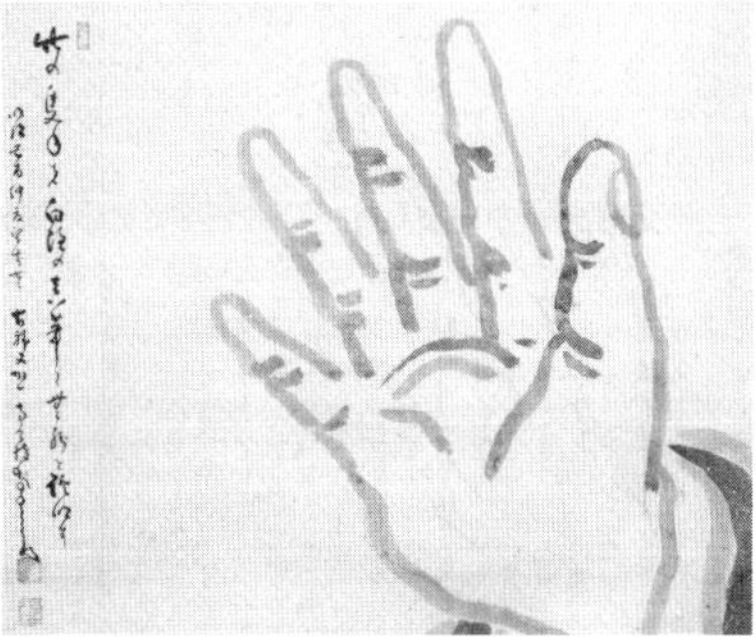

図1

［中略］いつしか、意識の根源は撃破され、この迷いの世界もまた根本から粉砕されており、ありのままの真実を見届け、行動する智恵がそなわり、一切を正しく見透すことのできるもろもろの智徳の力がそなわっていることを確信できるのである」（『隻手音声』[*1]）。

恐らく、リーダー氏であれば、ここまで説明してきたところで、上記の絵に関する何らかの見解を披露してくださることだろう。その内容については本書が刊行された後に実際に伺ってみたいところではあるが、訳者らとしては、白隠が「手」との関係から人々に疑団をもたらし、「ありのままの真実」を介して自らに智徳の力がそなわっていることを気づかせようとしていること、それが、本書を通してリーダー氏が我々に伝えようとしている

＊1　白隠慧鶴（芳澤勝弘訳注）『白隠禅師法語全集　隻手音声　第十二冊』禅文化研究所、二〇〇一年、九～一〇ページ

ことと密接なつながりを有しているのではないかと考えている。

本書においてさまざまな文化や歴史、そして心理学をはじめとする科学的な知見、さらには精神分析理論を自由闊達に行き来しながらリーダー氏が論じようとしていることを一言でまとめるとすれば、それは、「手は他者から触れられ、支配される受動的な器官でありながら、その同じ手が他者の支配から自らを引き離し、自由を可能にする能動的な器官でもある」という逆説である。本書のなかでもさまざまな例をもちいて説明されているが、一方では、「手遊び」が禁止されたり、手をめぐるさまざまな儀礼が強要されたりすることがあるように、手はとりわけ私たちの身体が他者——それは両親であったり、社会規範であったりする——によって支配される際の焦点となる場所である。しかし他方では、私たちはそのような支配の隙間を縫うようにして自分の体を触ったり、ひっかいたりすることによって、「自分が自分であること」を確認しようとする。極端な場合では、自傷が行われる場合もあるが、これもまた、自分を支配している耐え難い他者やトラウマ的な記憶から距離をとる、すなわち「手を切る」ためになされているのだと考えてもよいような臨床例は数多い。

少々専門的なことをいえば、このような「他者が自分を支配してくることと、自分がその他者から距離をとり、自由になること」というプロセスは、リーダー氏が依拠する精神分析家のジャック・ラカンが――身体にあふれる欲動と関連づけつつ――「疎外と分離」と呼んだものである。本邦ではちょうど、ラカンが「疎外と分離」について論じた講義録（セミネール）『精神分析の四基本概念』（岩波書店）が文庫化されたところであり、さらに理論的な興味をもつ読者には、本書と併読したり、あるいは本書をサブテキストとして利用することを勧めたい。

ダリアン・リーダー氏は、イギリスのラカン派精神分析家である。ケンブリッジ大学にて哲学を学んだ後、パリにて科学史を学ぶ傍ら、精神分析家としての訓練を受けている。現在は、Centre for Freudian Analysis and Research（以下CFARと記す）の発起人かつ主要メンバーであり、ローハンプトン大学の名誉客員教授である。また、一般書作家としての活動も行っており、これまでに本書の他にも次のような多数の著作を執筆している。

Lacan for Beginners (1995).（後にタイトルが変更：*Introducing Lacan* (2000, 2005).）

Why Do Women Write More Letters Than they Post? (1996).

Promises Lovers Make When It Gets Late (1997).

Freud's Footnotes (2000).

Stealing the Mona Lisa: What Art Stops Us from Seeing (2002).

Why Do People Get Ill? Exploring the Mind-Body-Connection（David Corfieldとの共著）(2007).

The New Black. Mourning, Melancholia and Depression (2008).

What Is Madness? (2011).

Strictly Bipolar (2013).

Why Can't We Sleep? (2019).

一冊目（邦題：『ラカン（ＦＯＲ　ＢＥＧＩＮＮＥＲＳシリーズ）』）と六冊目（邦題：『本当のところ、なぜ人は病気になるのか？――身体と心の「わかりやすくない」関係』）は、

すでに日本語に翻訳されており、本書はリーダー氏の三冊目の邦訳書となる。

　数々の著作の題名からわかるように、その内容は多岐にわたっており、リーダー氏の学識の深さが窺える。しかし、どの本にも共通していえるのは、リーダー氏の著作は、何らかの知＝意味を読者に伝えるものとしてあるだけでなく、知＝意味を超えた何かについて読者に問いかけるものとしてもあるところにその魅力があるということであろう。それはまさに、「両手を打てば音がするが、隻手には何の音があるか」の問いのようなのである。

　本書もその例外ではない。現代社会では誰もがインターネットやスマートフォンに夢中になり、かつてあった人間らしい関係が失われてしまったと考えられがちだが、「しかし、人間の歴史におけるこの新時代を、少々異なる角度からみればどうだろうか？　現代文明がもたらすものへの新たな期待や不満に焦点を当てるのではなく、今日の変化を、『人間が自分の手を使って行うことの変化』として捉えてみるとすれば？」（本書九ページ）という問いかけをもとに、疑団が生み出され、自分が思い込んでいたことに何の根拠もないことに気づく。読み進めるうちに何かを掴んだかと思ったら、そこにまた新たな疑団が生じ、さらにはすべてを読み終えた後に、何か新しい知識を得た実感だけでなく、世界に対する自分の関係が変化した実感をも抱く。すなわち、疑団をもとに突き詰めて考えていくことで、自分が思い込んでいたことには何の根拠もないことがわかり、そこから今までとは異なる物の見方ができるようになる。これもまた、思い込みに支配されている状態から距離をとり、「手を切る」プロセスであるといえるが、本書を読むことによって読者はそのプロセスの繰り返しを体験できることだろう。それは禅の公案と向き合うような体験でもあり、また、精神分析を受けているかのような体験でもある。

このようなリーダー氏の魅力は、その講義にも表れている。訳者の一人（牧瀬）は、リーダー氏が所属するＣＦＡＲにて精神分析に関する講義を受けたことがある。その論理展開は明快で、随所にユーモアや臨床例を挟みながら、わかりやすく説明が行われる。このため、リーダー氏の講義はつねに人気で、教室内は聴衆で溢れていた。しかし、より魅力的であったのは、その語り口とリズムである。軽快な語り口と弾むようなそのリズムによって、聴衆は知らず知らずのうちに、我を忘れて話に引き込まれていく。そして、話が最高潮に達しようとしたまさにその瞬間に話が句切られ、少しの沈黙があった後に、また新たな話が始まるのである。

ラカンは、「師は何かによって沈黙を破ります。それは、嘲罵、足蹴など、何でも構いません。『禅』の技法によれば、仏教の師はこのようにして意味の探求を行います。自身の問いの答えを出すのは弟子自身の仕事です。師は『説教壇の上から』出来合いの学問を教えるのではありません。師は、弟子が答えを見出すまさにその時に答えを与えます」（『フロイトの技法論』[*2]）と述べ、精神分析における句切れの意義と禅における主体の開示方法との関連性を指摘しているが、リーダー氏の講義においても、話の句切れによって、疑団がもたらされ、聴衆は出来合いの学問という知＝意味を超えた次元への気づきを促されるのである。

我々はどこから来たのか、我々は何者か、我々はどこへ行くのか。句切れを介して最終的に直面することになるこの問いに対して、躊躇なく答えられる者

＊2　Lacan, J.: *Les écrits techniques de Freud. Le séminaire livre I. Seuil. Paris,* p. 7, 1975.（小出浩之、鈴木國文、小川豊昭、小川周二訳『フロイトの技法論（上）』岩波書店、一九九一年、三ページ）

はいないだろう。論理的にも、想像的にもそれを証明することはできないからである。この時、我々は自らの存在を支える根拠がいかに儚いものであるかを知ることになる。しかし、その証明不可能性は、儚さのなかに宿るひとつの現実である。答えることができないという「不可能性」＝現実の核心をもとに、生を紡いでいくこと。精神分析、禅、そしてリーダー氏の著作と講義が目指すものもそこにあるとするならば、手を動かすことは、そうした不可能性と向き合うひとつの在り方としてあるといえる。この時、手があることは、手が無いことでもあり、そうした「有る・無い」の二項対立を超えた点において、本書と「隻手音声」の公案は密接に結びついているのである。

本書の翻訳は、一〜四章を牧瀬が、五〜七章を松本が担当し、その後、クロスチェックを行った上で、松本が全体の文体を調整した。担当編集の梅原志歩氏からもアドバイスを頂戴し、一般書として読みやすくする工夫を随所に凝らしたつもりである。訳者らとしては、本書が手に関する文化史としてのみならず、精神分析についての関心を引き起こすものとなることを願っている。

p.196

織物について｜R. B. Onions, *The Origins of European Thought* (Cambridge: Cambridge University Press, 1951)

Frances Biscoglio, '"Unspun" heroes: Iconography of the spinning woman in the Middle Ages', *Journal of Medieval and Renaissance Studies,* 25 (1995), pp. 163–76.

pp.196-197

Jacques Lacan, *Le Sinthome* (1975–6), ed. Jacques-Alain Miller (Paris: Seuil, 2005).

pp. 199-200

Erasmus, *De civilitate,* in J. K. Sowards (ed.), *The Collected Works of Erasmus',* vol. *15* (Toronto: Toronto University Press, 1985), p. 284.

p.201

Erving Goffman, *Behavior in Public Places,* op. cit.

p. 206

Erving Goffman, *The Presentation of Self in Everyday Life* (New York: Random House, 1959), p. 218.

Paul Ekman and Wallace V. Friesen, 'Hand movements', *Journal of Communication,* 22 (1972), pp. 353–74.

Norbert Freedman and Irving Steingart, 'Kinesic internalization and language construction', *Psychoanalysis and Contemporary Science,* 4 (1975), pp. 315–403.

喪失について｜George F. Mahl, 'Gestures and Body Movements in Interviews', in J. M. Schlien (ed.), *Research in Psychotherapy,* vol. 3 (Washington: American Psychological Association, 1968), pp. 295–346.

George F. Mahl, *Explorations in Nonverbal and Vocal Behavior* (New Jersey: Lawrence Erlbaum, 1987).

Edmund Bergler, *The Writer and Psychoanalysis* (New York: Robert Brunner, 1954).

pp.189-190

精神分析における聴取について｜Norbert Freedman, 'On psychoanalytic listening: The construction, paralysis and reconstruction of meaning', *Psychoanalysis and Contemporary Thought,* 6 (1983), pp. 405–34.

p.190

アンナ・フロイトについて｜'Memories', *Journal of Child Psychotherapy,* 21 (1995), pp. 375–401

Elizabeth Young-Bruehl, *Anna Freud* (New York: Summit, 1988), p. 450.

p.191

落書きについて｜W. S. Marclay et al, 'Spontaneous drawings as an approach to some problems of psychopathology', *Proceedings of the Royal Society of Medicine,* 31 (1938), pp. 1337–50.

p. 193

Susan Goldin-Meadow, *Hearing Gesture: How Our Hands Help Us Think* (Cambridge, Mass.: Harvard University Press, 2003), p. 143.

p.194

身体化としての書くことについて｜Laura Kendrick, *Animating the Letter: The Figurative Embodiment of Writing from Late Antiquity to the Renaissance* (Ohio: Ohio State University Press, 1999).

p.195

David Efron, *Gesture and Environment* (New York: King's Crown Press, 1941).

p. 166

擬似活動について｜Slavoj Zizek, *Trouble in Paradise* (London: Allen Lane, 2014).

p. 168

大惨事について｜Richard Kaplan, 'Press, paper and the public sphere', *Media History,* 21 (2015), pp. 42–54.

贈与経済について｜Walter Burkert, *Creation of the Sacred* (Cambridge, Mass.: Harvard University Press, 1998).

p. 172

Jean Allouch, *Erotique du deuil au temps de la mort sèche* (Paris: EPEL, 1995).

第7章

p. 179

King James I, *A Counterblaste to Tobacco* (London, 1604).

pp. 184-186

ビーズについて｜Eithne Wilkins, *The Rose-Garden Game* (London: Gollancz, 1969)

Lisa MacKinney, 'Rosaries, Paternosters and devotion to the Virgin in the households of John Baret of Bury St Edmunds', *Parergon,* 24 (2007), pp. 93–114

Lois Sherr Dubin, *The History of Beads: From 30,000 bc to the Present* (London: Thames and Hudson, 1987).

p. 186

話者がつねに手を動かすことについて｜P. Feyereisen and J.-D. de Lannoy, *Gestures and Speech:Psycholngical Investigations* (New York: Cambridge University Press, 1991).

pp.187-188

Ray Birdwhistell, *Kinesics and Context* (Philadelphia: University of Pennsylvania Press, 1970).

Michael Watson, *Proxemic Behaviour: A Cross-Cultural Study* (The Hague: Mouton, 1970).

Paul Ekman and Wallace V. Friesen, 'The repertoire of nonverbal behavior: Categories, origins, usage, and coding', *Semiotica,* I (1969), pp. 48–98.

Freud, *Contributions to a Discussion on Masturbation* (1912), *Standard Edition,* vol. 12, pp. 243–54
Minutes of the Vienna Psychoanalytic Society, 4 vols, ed. Herman Nunberg and Ernst Federn (New York: International Universities Press, 1964–75).

pp.142-144

Michael Balint, 'The Adolescent's Fight against Masturbation' (1934), in *Problems of Human Pleasure and Behaviour* (London:Karnac, 1957), pp. 49–68.

p. 144

手の感覚消失について｜Louis Linn, 'Some developmental aspects of the body image', *International Journal of Psychoanalysis,* 36 (1955), pp. 36–41.
Morris Bender, *Disorders in Perception* (Springfield: Charles Thomas, 1952).

pp.144-145

複数刺激に関する初期の研究について｜MacDonald Critchley, 'The phenomenon of tactile inattention with special reference to parietal lesions', *Brain,* 72 (1949), pp. 538–61.

p. 147

ひっかくことについて｜Amar Dhand and Michael J. Aminoff, 'The neurology of itch', *Brain,* 137 (2014), pp. 313–22, およびSTTニューロンをめぐる議論を参照せよ。

第6章

pp. 150-151

Stephen Jay Gould, *The Panda's Thumb* (New York: Norton, 1980).
道具について｜Frank R. Wilson, *The Hand,* op. cit.
Raymond Tallis, *The Hand: A Philosophical Inquiry into Human Being* (Edinburgh: Edinburgh University Press, 2003)
Colin McGinn, *Prehension: The Hand and the Emergence of Humanity* (Cambridge, Mass.: MIT Press, 2015)

p.152

Elaine Scarry, *The Body in Pain,* op. cit., pp. 172–6.

第5章

pp. 116-119

Thomas W. Laqueur, *Solitary Sex: A Cultural History of Masturbatron* (New York: Zone Books, 2003). Aleksandr Solzhenitsyn, *The First Circle*. quoted in Elaine Scarry, *The Body in Pain: The Making and Unmaking of the World* (Oxford: Oxford University Press, 1985), p. 48.
Irwin M. Marcus and John J. Francis (eds), *Masturhation: From Infancy to Senescence* (New York: International Universities Press, 1975)
Milton R. Sapirstein, *Paradoxes of Everyday Life: A Psychoanalyst's Interpretations* (New York: Random House, 1955), pp. 146–72.

p. 119

イェール大学の研究者｜H. M. Halverson, 'Infant sucking and tensional behaviour', *Journal of Genetic Psychology*, 53 (1938), pp. 365–430.

p.121

Karin Stephen, *The Wish to Fall Ill*, op. cit., p. 186.

p. 127

Rene Spitz, 'Autoerotism re-examined: The role of early sexual behavior patterns in personality formation', *Psychoanalytic Study of the Child*, 17 (1962), pp. 283–315
Herman Roiphe and Eleanor Galenson, *Infantile Origins of Sexual Identity* (New York: International Universities Press, 1981).

p. 130

身体を模した地図｜Selma Fraiberg, 'Tales of the discovery of secret treasure', *Psychoanalytic Study of the Child*, 9 (1954), pp. 218–41.

p. 133

Margaret Schlauch, *Chaucer's Constarue and Accused Queens* (New York: New York University Press, 1927)
Marina Warner, *From the Beast to the Blonde: Fairy Tales and Their Tellers* (London: Chatto and Windus, 1994).

pp. 139-140

Herman Roiphe and Eleanor Galenson, *Infantile Origins of Sexual Identity*, op. cit., p. 211.

pp.105–106

Adam Smith, *The Theory of Moral Sentiments* (1759) (Oxford: Oxford University Press, 1976), pp.180–83.

Ariane Fennetaux, 'Toying with Novelty: Toys, Consumption and Novelty in Eighteenth-Century Britain', in Bruno Blondé et al, *Fashioning Old and New* (Turnhout: Brepols, 2009), pp.17–28.

pp.108–109

怠惰と仕事について｜ Hans-Joachim Voth, *Time and Work in England, 1750–1830* (Oxford: Clarendon, 2000).

Hugh Cunningham, *Leisure in the Industrial Revolution* (London: Taylor and Francis, 1980).

Monika Fludernik and Miriam Nandi (eds), *Idleness, Indolence and Leisure in English Literature*, op.cit.

Sarah Jordan, *The Anxieties of Idleness: Idleness in Eighteenth-Century British Literature and Culture* (Lewisburg: Bucknell University Press, 2010).

p.110

兵士について｜ Ruth Kenny, Jeff McMillan and Martin Myrone, *British Folk Art* (London: Tate Publishing, 2014).

Emmanuel Cooper, *People's Art: Working-Class Art from 1750 to the Present Day* (Edinburgh: Mainstream, 1994).

編み物と刺繍について｜ Anne Macdonald, *No Idle Hands: The social History of American Knitting* (New York: Ballantine, 1988).

Joanne Turney, *The Culture of Knitting* (Oxford: Berg, 2009).

Rozika Parker, *The Subversive Stitch: Embroidery and the Making of the Feminine* (London: The Women's Press, 1984).

J. C. Turner and P. van de Griend, *History and Science of Knots* (Singapore: World Scientific, 1996).

「ドーカス・マガジン」について｜ Anne Macdonald, *No Idle Hands*, op. cit., p.341.

pp.111–112

少年について｜ ibid., p.235.

pp.112–113

次より引用｜ ibid., pp.341–2 and 360.

p.100

イギリス人に関して指摘される、この〔話す際の身振りの〕明らかな欠如は、実際は歴史のなかで変化している。アダム・スミスが彼らの身振りの欠如について批評していたならば、ジョンソン博士は、実際に人々の手を掴み、身振りの傾向を弱らせるために手を抑え込もうとしたことで知られていたかもしれない。また、1960年代に、心理学者のシドニー・ジュラールが喫茶店で会話をしていたカップルを観察したところ、フランス人が1時間で110回も触れ合っていたのに対して、イギリス人は一度も触れ合わなかったことがわかった。しかし、15世紀後半から16世紀にかけて、イギリス人は挨拶の際の熱烈なキスで、また、その後は握手をすることで有名であった。パニュルジュ(ラブレー作の『Gargantua et Pantagruel』に登場する人物)と「偉大なイギリス人学者」の間のラブレーに関する議論において、対話は実際には言葉ではなく、身振りのみで行われている。この点については、J. A. Burrow, *Gestures and Looks in Medieval Narrative*, op. cit; Jan Bremmer and Herman Roodenburg (eds), *A Cultural History of Gesture*, op. cit; and Sidney Jourard, 'An exploratory study of body-accessibility', *British Journal of Social and Clinical Psychology*, 5(1966), pp.221–3.

私生活について | Paul Veyne and Georges Duby (eds), *A History of Private Life*, 5 vols (Cambridge, Mass.: Harvard University Press, 1987–98).

p.102

煙草と区切ることについて | William Davies, 'What have we lost in the shift from cigarettes to smartphones?', Open Democracy, 12 March 2015.

pp.103-105

J. C. Flügel, *The Psychology of Clothes* (London: Hogarth, 1930), p.186, fn. 2.

Ariane Fennetaux, 'Women's pockets and the construction of privacy in the long eighteenth century', *Eighteenth-Century Fiction*, 20(2008), pp.307–34.

Barbara Burman, 'Pocketing the difference: Gender and pockets in nineteenth-century Britain', *Gender and History*, 14(2002), pp.447–69.

Christopher Todd Matthews, 'Form and deformity: The trouble with Victorian pockets', *Victorian Studies*, 52(2010), pp.561–90.

Barbara Burman and Seth Denbo, *Pockets of History: The secret Life of an Everyday Object* (Southampton: University of Southampton, 2007).

Erving Goffman, *Behavior in Public Places: Notes on the Social organization of Gatherings* (New York: Free Press, 1963), p.133.

Alan Dessen and Leslie Thomson (eds), *A Dictionary of Stage Directions in English Drama, 1580–1642* (Cambridge: Cambridge University Press, 1999).

新たな技術とその流通について｜ Patricia Fumerton and Simon Hunt (eds), *Renaissance Culture and the Everyday* (Philadelphia: University of Pennsylvania Press, 1998).

Neil McKendrick et al, *The Birth of a Consumer Society: Commercialization of Eighteenth-Century England* (London: Europa, 1982).

Joan Thirsk, *The Development of a Consumer Society in Early Modern England* (Oxford: Clarendon, 1978).

pp.096-097

手袋と扇子について｜ Pearl Binder, *Muffs and Morals* (London: Harrap, 1953).

Marjorie O'Rourke Boyle, 'Coquette at the Cross? Magdalen in the Master of the Bartholomew Altar's deposition at the Louvre', *Zeitschrift für Kunstgeschichte*, 59(1996), pp.573–7.

Kate Smith, 'In her hands: Materialising distinction in Georgian Britain', *Cultural and Social History*, 11(2014), pp.489–506.

p.097

ハンカチについて｜ Margarete Braun-Ronsdorf, *The History of the Handkerchief* (Leigh-on-Sea: F. Lewis, 1967).

Ian Smith, 'Othello's Black Handkerchief', in Lena Cowen Orlin (ed.), Othello: *The State of Play* (London: Bloomsbury, 2014), pp.95–120.

p.098

Evelyn Welch, 'Art on the edge: Hair and hands in Renaissance Italy', *Renaissance Studies*, 23(2008), pp.240–68.

Will Fisher, 'The Renaissance beard: Masculinity in early modern England', *Renaissance Quarterly*, 54(2001), pp.155–87; and the essays on hair in *Eighteenth-Century Studies*, 38(2004).

p.099

嗅ぎ煙草と巻き煙草について｜ J. T. McCullen, 'Tobacco: A recurrent theme in eighteenth-century literature', *Bulletin of the Rocky Mountain Modern Language Association*, 22(1968), pp.30–39.

Roy Porter and Mikuláš Teich (eds), *Drugs and Narcotics in History* (Cambridge: Cambridge University Press, 1995).

Marcy Norton, *Sacred Gifts, Profane Pleasures: A History of Tobacco and Chocolate in the Atlantic World* (Ithaca: Cornell University Press, 2008).

Body',in David Hillman and Carla Mazzio (eds), *The Body in Parts*, op. cit., pp.107–25.
Gail Kern Paster, *The Body Embarrassed: Drama and the Disciplines of Shame in Early Modern England* (Ithaca: Cornell University Press, 1993).
体液説とその遺産について｜Nancy Siraisi, *Medieval and Early Renaissance Medicine* (Chicago: University of Chicago Press, 1990).
Michael Schoenfeldt, *Bodies and Selves in Early Modern England: Physiology and Inwardness in Spenser, Shakespeare, Herbert and Milton* (Cambridge: Cambridge University Press, 1999).

p.092

Gordon Allport, *Becoming* (New York: Yale University Press, 1955), p.43.

pp.092-093

身振りの評価について｜Jan Bremmer and Herman Roodenburg (eds), *A Cultural History of Gesture*, op. cit.
Michael J. Braddick (ed.), *The Politics of Gesture*, op. cit. Jean-Claude Schmitt, 'Between text and image: The prayer gestures of Saint Dominic', *History and Anthropology*, I, (1984), pp.127–62.
Etienne Robo, 'Pray with your hands', *Worship*, 33(1958), pp.14–18.
John Craig, 'Bodies at Prayer in Early Modern England', in Alec Ryrie and Natalie Mears (eds), *Worship of the Parish Church in Early Modern England* (Aldershot: Ashgate, 2013), pp.173–96.
Gerhart Ladner, 'The Gestures of Prayer in Papal Iconography of the Thirteenth and Early Fourteenth Centuries', in Sesto Prete (ed.), *'Didascaliae': Studies in Honour of Anselm M. Albareda* (Rome, 1961), pp.246–75.

p.095

視線について｜J. A. Burrow, *Gesture and Looks in Medieval Narrative* (Cambridge: Cambridge University Press, 2002).

p.096

物について｜Arjun Appadurai, *The Social Life of Things: Commodities in Cultural Perspective* (Cambridge: Cambridge University Press, 1986).
Tara Hamling and Catherine Richardson, *Everyday Objects: Medieval and Early Modern Material Culture and Its Meanings* (Farnham: Ashgate, 2010).
Cordelia Beattie et a1 (eds), *The Medieval Household in Christian Europe, 850–1550* (Turnhout: Brepols, 2003).
Maxine Berg and Helen C1ifford (eds), *Consumers and Luxury: Consumer Culture in Europe 1650-1850* (Manchester: Manchester University Press, 1999).

p.078

抜き取ることについて｜Darian Leader and David Corfield, *Why Do People Get Ill?*, op. cit.

p.079

ドライブと欲動について｜Slavoj Žižek, *The Ticklish Subject: The Absent Centre of Political Ontology* (London: Verso, 2000), pp.290–306.

第4章

pp.084-085

忙しくし続けることについて｜Monika Fludernik and Miriam Nandi (eds), *Idleness, Indolence and Leisure in English Literature* (Loadon: Palgrave, 2014).

Robert W. Malcomson, *Popular Recreations in English Society, 1700–1850* (Cambridge: Cambridge University Press, 1973).

pp.086-088

Norbert Elias, *The Civilizing Process, Vol.* Ⅰ *: The History of Manners* (1939) (Oxford: Blackwell, 1969) and *The Civilizing Process, Vol. II: State Formation and Civilization* (1939) (Oxford: Blackwell, 1982).

Barbara Rosenwein, ‘Worrying about emotions in history’,*American Historical Review*, 107(2002), pp.821–45.

「文明化」について｜Joan Wildeblood and Peter Brinson, *The Polite World: A Guide to English Manners and Deportment from the Thirteenth to the Nineteenth Century* (Oxford: Oxford University Press, 1965).

C. Dallett Hemphill, *Bowing to Necessities: A History of Manners in America, 1620-1860* (Oxford: Oxford University Press, 1999).

Paul Lacroix, *Manners, Customs and Dress During the Middle Ages and the Renaissance Period* (1876) (New York: Skyhorse, 2013).

Georges Vigarello, ‘The Upward Training of the Body from the Age of Chivalry to Courtly Civility’, in Jonathan Crary et al (eds), *Fragments for a History of the Human Body*, vol.2 (New York: Zone Books, 1989), pp.149–99.

p.089

Gail Kern Paster, ‘Nervous Tension: Networks of Blood and Spirit in the Early Modern

p.050

Freud, *The Interpretation of Dreams* (1899), *Standard Edition*, vol.5, pp.566–7.

p.051

Terri Cheney, *The Dark Side of Innocence: Growing up Bipolar* (New York: Atria, 2011), p.142.

p.052

交換の場について｜Karin Stephen, *The Wish to Fall Ill: A Study of Psychoanalysis and Medicine* (Cambridge: Cambridge University Press, 1960).

Darian Leader and David Corfield, *Why Do People Get Ill?* (London: Hamish Hamilton, 2007), pp.164–205.

René Spitz, 'The primal cavity', op. cit.

第3章

p.058

ぶら下がることについて｜Albrecht Peiper, *Die Hirntätigkeit des Säuglings* (Berlin: Springer, 1928).

p.059

Imre Hermann, 'Clinging-going-in-search: A contrasting pair of instincts and their relation to sadism and masochism' (1935), *The Psychoanalytic Quarterly*, 45(1976), pp.5–36.

Livia Nemes, 'Importance de la théorie de l'agrippement dans la psychologie du développement et dans la psychothérapie d'enfant', *Le Coq-héron*, 188(2007), pp.73–9.

p.060

Michael Balint, 'Early developmental states of the ego', *International Journal of Psychoanalysis*, 30(1939), pp.265–73.

p.070

Aristotle, *Parts of Animals*, 687b, 690a.

p.071

Freud, *Beyond the Pleasure Principle* (1920), *Standard Edition*, vol.18, pp.7–64.

brecht Peiper, *Die Eigenart der kindlichen Hirntätigkeit* (Leipzig: Thieme, 1949).
二十週について｜Marc Jeannerod, *The Neural and Behavioural Organization of Goal-Directed Movements* (Oxford: Clarendon, 1988).

p.040

Andrew N. Meltzoff, 'Molyneux's Babies: Cross-Modal Perception, Imitation and the Mind of the Preverbal Infant', in Naomi Eilan et al, *Spatial Representation: Problems in Philosophy and Psychology* (Oxford: Blackwell, 1993), pp. 213–34.
Andrew N. Meltzoff and Richard W. Borton, 'Intermodal matching by human neonates', *Nature*, 282(1979), pp.403–4.

p.041

Jerome S. Bruner, 'Eye, Hand and Mind', in David Elkind and John Flavell (eds), *Studies in Cognitive Development: Essays in Honor of Jean Piaget* (Oxford: Oxford University Press, 1969), p.223–35.

p.043

Selma Fraiberg, *Insights from the Blind*. op. cit.

p.046

哺乳瓶について｜Arnold Gesell and Frances L. Ilg, *Child Development* (New York: Harper, 1943).
Valerie Fildes, *Breasts, Bottles and Babies; A History of Infant Feeding* (Edinburgh: Edinburgh University Press, 1986).

p.047

Freud, *Three Essays on the Theory of Sexuality* (1905), *Standard Edition*, vol.7, pp.130–253.
Donald W. Winnicott, 'Transitional Objects and Transitional Phenomena' (1953). in *Playing and Reality* (Harmondsworth: Penguin, 1971), pp.1–30.

p.049

競争について｜Willi Hoffer, 'Mouth, hand and ego-integration', *Psychoanalytic Study of the Child*, 4(1949), pp.49–56, and also his 'Oral aggressiveness and ego development', *International Journal of Psychoanalysis*, 31(1950), pp.156–60, and 'Development of the body ego', *Psychoanalytic Study of the Child*, 5(1950), pp.18–23.

The Development of Coordination in Infancy (Amsterdam: Elsevier Academic Press, 1993).
Philippe Rochat and Stefan Senders, 'Active Touch in Infancy: Action Systems in Development', in M. J. Weiss and P. R. Zelazo (eds), *Infant Attention: Biological Constraints and the Influence of Experience* (New Jersey: Ablex, 1991), pp.412–42.
Burton White et al, 'Observations on the development of visually-directed reaching', *Child Development*, 35 (1964), pp. 349–64.

---

p.036

Jean Piaget, *The Origins of Intelligence in Children* (New York: International Universities Press, 1952).
René Spitz, 'Digital extension reflex', *Archives of Neurology and Psychiatry*, 113(1950), pp. 467–70.
自分に触れることでは乳探し反応が生じないことについて ｜ George Butterworth and Brian Hopkins, 'Hand-mouth coordination in the new-born baby', *British Journal of Developmental Psychology*, 6(1988), pp.303–14.
手と口について ｜ H. M. Halverson, 'Studies of the grasping responses of early infancy', Ⅲ, *Journal of Genetic Psychology*, 51(1937), pp.425–48. 'Infant sucking and tensional behaviour', *Journal of Genetic Psychology*, 53(1938), pp.365–430.

---

p.037

René Spitz, 'The primal cavity: A contribution to the genesis of perception, *Psychoanalytic Study of the Child*, 10(1955), pp. 215–40.
Selma Fraiberg, *Insights from the Blind* (New York: Basic Books, 1977).
Edna Adelson and Selma Fraiberg, 'Mouth and Hand in the Early Development of Blind Children', in J. F. Bosma (ed.), *Third Symposium on Oral Sensation and Perception*. op. cit., pp.420–30.

---

p.038

Arnold Gesell, *Infant Development* (London: Hamish Hamilton, 1952).

---

p.039

Colwyn Trevarthen, 'Biodynamic Structures, Cognitive Correlates of Motive Sets and the Development of Motive in Children', in W. Prinz and A. F. Sanders (eds), *Cognition and Motor Processes* (Berlin: Springer, 1984), pp.327–51.
W. Kessen, 'Sucking and Looking: Two Organized Congenital patterns of Behaviour in the Human Newborn', in H. W. Stevenson et al, *Early Behaviour* (New York: Wiley, 1967). Al-

p.022

第三の手について｜Riitta Hari et al, 'Three hands: Fragmentation of human bodily awareness', *Neuroscience Letters*, 240(1998), pp.131–4.

F. Aboitiz et al, 'The alien hand syndrome: Classification of forms reported and discussion of new condition', *Neurological Sciences*, 24(2003), pp.252–7.

手を支配する手に関連した芸術的主題について｜Moshe Barasch, *Giotto and the Language of Gesture* (Cambridge: Cambridge University Press, 1987).

Richard E. Spear, *The 'Divine' Guido: Religion, Sex, Money and Art in the World of Guido Reni* (New York: Yale University Press, 1997).

p.026

強制収容所の生存者について｜Nathalie Zajde, *Guérir de la Shoah* (Paris: Odile Jacob, 2005) and *Enfant de survivants* (Paris: Odile Jacob, 1993).

p.028

生存のために触れられることが必要であることについて｜Aristotle, *On the Soul*, 435ab.

Elizabeth D. Harvey, 'The portal of touch', *American Historical Review*, 116 (2011), pp. 385–400.

p.030

共有しているイデオロギーについて｜Nicole Dawkins, 'Do-it-yourself: The precarious work and postfeminist politics of handmaking in Detroit', *Utopian Studies*, 22(2011), pp.261–84.

p.032

市場における暴力性について｜Slavoj Žižek, *Violence* (London: Profile, 2008).

第2章

p.034

「二〇%」について｜A. Korner and H. Kraemer, 'Individual Differences in Spontaneous Oral Behaviour in Neonates', in J. F. Bosma (ed.), *Third Symposium on Oral Sensation and Perception* (Springfield: Charles Thomas, 1972), pp.335–46.

Philippe Rochat, 'Hand-Mouth Coordination in the Newborn', in G. J. P. Savelsbergh (ed.),

神の手について｜ Bernhard Scholz, '"Ownerless Legs or Arms Stretching from the Sky": Notes on an Emblematic Motif', in Peter M. Daly (ed.), *Andrea Alciato and the Emblem Tradition: Essays in Honor of Virginia Woods Callahan* (New York: AMS Press, 1989), pp.249–83.
Paul McPharlin, *Roman Numerals, Typographic Leaves and Pointing Hands: Some Notes on Their Origin, History, and Contemporary Use* (New York: The Typophiles, 1942).

---

p.017

アリストテレスについて｜ *Parts of Animals* 687a 10.
修辞学における手について｜ Gregory Aldrete, *Gestures and Acclamations in Ancient Rome* (Baltimore: Johns Hopkins, 1999).
Leanne Bablitz, *Actors and Audience in the Roman Courtroom* (London Routledge, 2007), pp. 187–92.

---

p. 019

Sergio Della Sala et al, 'The anarchic hand: A fronto-medial sign', *Handbook of Neuropsychology*, 9(1994), pp.233–55.

---

p.020

エイリアンハンドを拘束器具などで縛ることについて｜ Gordon Banks et al, 'The alien hand syndrome', *Archives of Neurology*, 46(1989), pp.456–9.
Gary Goldberg and Karen K. B1oom, 'The alien hand sign', *American Journal of Physical Medicine and Rehabilitation*, 69(1990), pp.228–38.
Alan J. Parkin, 'The Alien Hand', in Peter W. Halligan and John C. Marshall (eds), *Method in Madness: Case Studies in Cognitive Neuropsychiatry* (Hove: Psychology Press, 1996), pp. 173–83.
Kurt Goldstein, 'Zur Lehre von der motorischen Apraxie', *Journal für Psychologie und Neurologie*, 11(1908), pp. 169–87 and 270–83.

---

p.021

「子どもに話しかけるように」について｜ Rachelle Smith Doody and Joseph Jankovic, 'The alien hand and related signs', Journal of Neurology, Neurosurgery and Psychiatry, 55(1992), pp.806–10.
区別について｜ Clelia Marchetti and Sergio Della Sala, 'Disentangling the alien and anarchic hand', *Cognitive Neuropsychiatry*, 3(1998), pp. 191–207.
Leonardo Caixeta et al, 'Alien hand syndrome in AIDS', *Dementia and Neuropsychologia*, 1(2007), pp. 418–21.

原注

第1章

p.010

アップル社について｜William Merin, 'The rise of the gadget and hyperludic media', *Cultural Polittics*, 10(2014), pp. 1–20.

手の変化について｜Frank R. Wilson, *The Hand; How Its Use Shapes the Brain, Language, and Human Culture* (New York: Panthcon, 1998).

John Napier, *Hands* (New York: Pantheon, 1983).

p.011

過蓋咬合について｜Bee Wilson, *Consider the Fork: A History of How We Cook and Eat* (London: Penguin, 2012), pp. 100–106.

p.013

身振りとしての手について｜Jean-Claude Schmitt, *La Raison des gestes dans l'Occident medieval* (Paris: Gallimard, 1990).

Jan Bremmer and Herman Roodenburg (eds), *A Cultural History of Gesture* (Oxford: Oxford University Press, 1991).

Michael J. Braddick (ed.), *The politics of Gesture: Historical Perspectives* (Oxford: Oxford University Press, 2009).

p.016

手のイメージについて｜Marjorie O'Rourke Boyle, *Senses of Touch: Human Dignity and Deformity from Michelangelo to Calvin* (Leiden: Brill, 1998).

Elizabeth D. Harvey (ed.), *Sensible Flesh: On Touch in Early Modern Culture* (Philadelphia: University of Pennsylvania Press, 2003).

Claire Richter Sherman (ed.), *Writing on Hands; Memory and Knowledge in Early Modern Europe* (Seattle: University of Washington Press, 2001).

Katherine Rowe, 'God's Handy Worke', in David Hillman and Caria Mazzio (eds), *The Body in Parts: Fantasies of Corporeality in Early Modern Europe* (New York: Routledge, 1997), pp.285–309.

Michael Neill, '"Amphitheaters in the body": Playing with hands on the Shakespearian stage', *Shakespeare Survey*, 48 (1996), pp.23–50.

著者プロフィール

ダリアン・リーダー | Darian Leader

ロンドン在住の精神分析家、コラムニスト。ローハンプトン大学名誉客員教授。ケンブリッジ大学にて哲学を学んだ後、パリにて科学史を学ぶ傍ら、精神分析家としての研鑽を積む。Centre for Freudian Analysis and Researchの発起人であり、主要メンバー。著書に『ラカン（FOR BEGINNERSシリーズ）』（共著）、『本当のところ、なぜ人は病気になるのか？——身体と心の「わかりやすくない」関係』（共著）、*Why Do Women Write More Letters Than They Post?*、*Promises Lovers Make When It Gets Late*、*Stealing the Mona Lisa* などがある。芸術愛好家としても知られる。

訳者プロフィール

松本卓也 | まつもと・たくや

1983年高知県生まれ。高知大学医学部卒業、自治医科大学大学院医学研究科修了。博士（医学）。専門は精神病理学。現在、京都大学大学院人間・環境学研究科准教授。著書に『人はみな妄想する　ジャック・ラカンと鑑別診断の思想』（青土社、2015年）、『発達障害の時代とラカン派精神分析　〈開かれ〉としての自閉をめぐって』（共著、晃洋書房、2017年）、『創造と狂気の歴史　プラトンからドゥルーズまで』（講談社、2019年）、『心の病気ってなんだろう？』（平凡社、2019年）など。訳書にヤニス・スタヴラカキス『ラカニアン・レフト　ラカン派精神分析と政治理論』（共訳、岩波書店、2017年）がある。

牧瀬英幹 | まきせ・ひでもと

2010年、京都大学大学院人間・環境学研究科博士後期課程修了。博士（人間・環境学）。専門は、精神分析、精神病理学、描画療法。現在、中部大学生命健康科学部准教授。著書に、『精神分析と描画―「誕生」と「死」をめぐる無意識の構造をとらえる』（誠信書房、2015年）、『発達障害の時代とラカン派精神分析―〈開かれ〉としての自閉をめぐって―』（編著、晃洋書房、2017年）、『描画療法入門』（編著、誠信書房、2018年）がある。

ハンズ　手の精神史

2020年11月12日　第1刷発行

著者

ダリアン・リーダー

翻訳

松本卓也・牧瀬英幹

発行者

小柳学

発行所

株式会社 左右社

150-0002

東京都渋谷区渋谷2-7-6　金王アジアマンション

TEL. 03-3486-6583

FAX. 03-3486-6584

装幀

佐野裕哉

印刷所

精文堂印刷株式会社

ISBN978-4-86528-295-5

ティム・インゴルドの本

ラインズ 線の文化史

本体2750円+税　管啓次郎 解説、工藤晋 訳

ISBN 978-4-86528-101-9

メイキング 人類学・考古学・芸術・建築

本体3100円+税　金子遊・水野友美子・小林耕二 訳

ISBN 978-4-86528-179-8

レベッカ・ソルニットの本

ウォークス 歩くことの精神史

本体4500円+税　東辻賢治郎 訳

ISBN 978-4-86528-138-5